中国特大城市
人口规模调控研究报告

CHINESE MEGACITIES
AND REGULATION OF POPULATION SIZE

王培安 /主编

中国发展出版社
CHINA DEVELOPMENT PRESS

图书在版编目（CIP）数据

中国特大城市人口规模调控研究报告 / 王培安主编．— 北京：中国发展出版社，2014.7

ISBN 978-7-5177-0184-2

Ⅰ．①中… Ⅱ．①王… Ⅲ．①特大城市－城市人口－人口控制－研究报告－中国 Ⅳ．① C924.24

中国版本图书馆 CIP 数据核字 (2014) 第 138965 号

书　　名：中国特大城市人口规模调控研究报告
著作责任者：王培安
出 版 发 行：中国发展出版社
（北京市西城区百万庄大街 16 号 8 层 100037）
标 准 书 号：ISBN 978-7-5177-0184-2
经　销　者：各地新华书店
印　刷　者：北京明恒达印务有限公司
开　　本：700mm × 1000mm 1/16
印　　张：15
字　　数：200 千字
版　　次：2014 年 7 月第 1 版
印　　次：2014 年 7 月第 1 次印刷
定　　价：35.00 元

联 系 电 话：（010）88919581 68990692
购 书 热 线：（010）68990682 68990686
网 络 订 购：http://zgfzcbs.tmall.com
网 购 电 话：（010）88333349 68990639
本 社 网 址：http://www.develpress.com.cn
电 子 邮 件：370118561@qq.com

编 委 会

序 言

当前，我国已进入全面建成小康社会的决定性阶段，处于城镇化快速发展的关键时期。党中央、国务院高度重视城镇化工作，党的十八届三中全会通过的《关于全面深化改革若干重大问题的决定》指出，要推进以人为核心的城镇化，完善城镇化健康发展体制机制，严格控制特大城市人口规模。习近平总书记近期考察北京工作时强调，要明确城市战略定位，调整疏解非首都核心功能，有效控制人口规模，增强区域人口均衡分布，促进区域均衡发展。《国家新型城镇化规划（2014—2020年）》，对特大城市功能疏解、人口和产业疏散转移提出了明确要求。

特大城市是带动我国经济快速增长、参与国际经济合作竞争的龙头，是引领经济发展方式转变、提升创新能力的重要平台，也是我国综合承载力最强区域，既要吸纳新增城市人口、有序推进农业转移人口市民化，又要调控人口规模，预防人口过度膨胀带来的城市病。在城镇化快速推进过程中，特大城市人口增长的压力长期存在。从世界特大城市人口发展规律看，在城镇化快速发展阶段，劳动力一般优先向特大城市聚集，并在本国城镇化过程基本完成时，人口规模才趋于稳定。从我国城镇化发展过程看，特大城市在市场竞争和行政资源调动方面具有双重优势，产业集聚和公共服务水平高，人口机械增长是人口增长的主要原因。其主要是由流动迁移人口向特大城市快速聚集造成的。这种快速聚集是劳动力自发选择的结果，是我国城市化进程和城乡、区域之间生产力发展和公共服务发展不平衡的结果，也是人口服务管理体制和城市管理能力滞后的表现。

目前，我国共有500万人以上的特大城市16个，其中1000万人以上的6个。据预测，到2020年，我国500万人以上的特大城市将达到21个，其中1000万人以上的8个。国内外实践表明，随着城市规模的急剧扩张，将出现一系列“城市病”，突出表现为人口膨胀、交通拥堵、环境恶化、公共资源紧张、公共安全面临挑战等。在我国，特大城市公共服务优质资源分布不均衡，就业与居住地分离现象突出，流动人口举家迁移、居住长期化趋势明显，城市基础设施建设、公共服务投入面临巨大压力，制约了城市的健康发展。如何科学、有序地调控特大城市的人口规模，成为现阶段必须面对的现实问题，也是全社会高度关注的热点之一。

2011年，国家人口和计划生育委员会组成“特大城市人口规模调控研究”课题组，立足北京、上海、广州、深圳城市发展的实际，积极借鉴国际特大城市人口发展经验，深入开展调查研究，提出了我国特大城市人口规模调控的思路，即应实现三个转变：由单向控制人口进入向完善人口退出机制、实现人口动态均衡转变；由单纯人口规模控制向合理调控人口增量和增速、优化人口结构和空间分布转变；由直接的行政调控向综合运用行政、经济、法律、社会管理和公共服务等手段间接调控转变。同时，课题组提出了相应的建议：特大城市要以非核心功能及相关产业的疏解带动人口的疏散；立足于区域一体化发展，科学编制实施特大城市与周边城市一体化发展规划；发挥市场在资源配置中的决定性作用，运用市场化手段促进产业转移和人口双向流动。

希望这本《中国特大城市人口规模调控研究报告》，对特大城市人口规模调控有所裨益。

王培安

2014年6月

目录

总报告

特大城市人口规模调控机制研究

国家卫生和计划生育委员会流动人口司*

党的十八届三中全会强调创新人口管理，加快户籍制度改革，全面放开建制镇和小城市落户限制，有序放开中等城市落户限制，合理确定大城市落户条件，严格控制特大城市人口规模。《国家新型城镇化规划（2014—2020年）》将新型城镇化目标具体化，把促进有能力在城镇稳定就业和生活的常住人口有序实现市民化作为首要任务。特大城市作为重要的人口和经济聚集区，是我国形成以城市群为主体的城镇化体系的关键，是引领经济发展方式转变、提升创新能力和国际竞争力的龙头，也是推进基本公共服务均等化、实现包容性发展的带动力量。如何实现特大城市人口有序增长，促进城市的健康可持续发展，是我国现阶段必须面对的现实问题。分析特大城市人口调控存在的问题，研究提出切合实际的调控措施，既有助于保持特大城市的吸引力和活力，又对众多正在接近特大城市规模和发展水平的城市具有极强的借鉴意义和示范带动作用。

---

* 参与讨论及执笔人员：王培安 张春生 王谦 贺丹 徐水源 吴筱

一、我国特大城市人口发展的基本态势

2010年，我国1000万人以上的特大城市[①]6个，占全国总人口的6.7%。据预测，到2020年，我国1000万人口以上的特大城市将达到8个，所在的都市圈（京津冀、长三角、珠三角、长江中游和成渝）将吸纳近5亿人。我国特大城市主要是直辖市、省会城市和计划单列市，这些城市在市场竞争和行政资源调动方面具有双重优势，对资源要素产生“虹吸”效应，其人口过快增长的压力将长期存在，人口对经济社会、资源环境的影响愈发突出。

（一）由于产业集聚和公共服务水平高，特大城市仍将是城镇新增人口的主要聚集地

国际经验表明，城镇化快速发展过程中，劳动力往往优先向特大城市聚集，城镇化过程基本完成时，特大城市人口才趋于稳定。未来20年，我国仍处于城镇化较快发展、经济转型和赶超发展阶段，特大城市作为经济社会发展的引擎和城镇体系的中枢，国家主导和市场自发的投资仍将不断增加，就业机会多、收入水平高、公共服务条件好，因此特大城市仍将是人口流动的主要目的地。

（二）人口机械增长是特大城市人口增长的首要因素，流动人口日益成为城市劳动力的重要组成部分

2000～2010年，北京、上海的常住人口年平均增长率超过3%，人口增量中70%以上是流动人口。“六普”数据显示，2010年北京、上海、广州的流动人口占常住人口的比例均接近四成，深圳流动人口占常住人口的比例超过七成。人口流入缓解了户籍人口的老龄化、少子化问题，改善了特大城市人口结构，成

① 按照城市的市区常住人口计算。

为促进特大城市人口均衡发展的重要因素。流动人口，尤其是新生代流动人口，已经成为特大城市劳动力资源的重要生力军。上海新生代流动人口接近劳动年龄流动人口的一半，规模已明显超过户籍青年。流动人口虽然以初高中文化程度为主，但大专以上学历和从事各类专业工作的人员比例在增加。流动人口呈现举家迁移、居住长期化的趋势，基本公共服务均等化需求迫切。

（三）特大城市产业发展的多样化和综合功能的完善，需要吸纳高中低文化素质的各类劳动力

特大城市为实现高端要素集聚、科技创新、文化引领和综合服务等功能，需要传统产业和现代产业并存，吸纳各类劳动力。目前，我国特大城市高技能人才的总量、结构和素质还不能适应经济社会快速发展的需求，特别是先进制造业、现代服务业等重点发展行业中，高技能人才更为短缺。未来两年北京市需要补充60万的技能人才，其中急需补充的技师和高级技师13万人。同时，在人口少子化和老龄化的双重作用下，城市生活性服务业的劳动力需求不断增加，城市日常运行、社会服务行业、家政服务业和社区等对外来流动人口的依赖性越来越强。2010年北京劳动力市场需求大于供给的职业，主要集中在居民服务和其他服务业、批发和零售业、住宿和餐饮业，流动人口主要在这些行业就业。

（四）人口居住呈现由主城区向近郊区扩散趋势，职住分离现象突出

随着城市基础设施建设、郊区新城建设不断加快和产业布局优化调整，特大城市人口分布郊区化特征日趋明显，但中心城区人口依然过度密集，人口密度与周边城区差距明显。同时，由于新城产城融合、城市公共服务优质资源均匀化等方面有待提升，大量人口实现了居住的郊区化，未实现就业和获取公共服务的郊区化，引发了潮汐交通、环境污染等问题。机动车尾气排放成为特大城市环境污染的重要因素。相关研究表明，北京雾霾天气从影响因素来看，机动车尾气排放占20%左右。

二、特大城市人口调控面临的主要问题

自“九五”以来，北京、上海等特大城市的人口总量屡屡突破规划目标，基础设施建设和公共服务投入始终跟不上持续快速增长的人口需要，出现了交通拥堵、环境污染、资源紧张等问题。人口压力的不断加大对特大城市人口调控提出了日益迫切的要求。特大城市采取车辆限购、住房限购、整顿低端服务业等应急措施来调控人口，取得了一定成效，为实行长期措施争取了时间，但也引来了众多争议。特大城市人口调控作为多层面因素的综合调控，面临着诸多问题和挑战。

（一）对特大城市人口发展规律认识不足，人口调控理念相对滞后

人口调控主要是被动地适应人口增长，忽视了经济社会条件分析和城市化进程中人口集聚的一般规律。人口调控过多强调承载力的自然约束条件，调控目标主要限于如何减少人口和控制人口进入。“要人手不要人口”的理念尚未完全转变，城市容纳能力往往成为控制流动人口规模的依据，主要依靠行政手段消极限制外来人口流入。这种总量控制的思路容易掩盖城市发展中的主要矛盾，忽视城市管理和建设的改革创新。以水资源为例，与资源缺乏相比，一些特大城市存在的用水格局和体制不合理带来的用水效率不高问题更为严重。

（二）多中心发展模式尚未形成，人口分布优化难

作为崛起中的特大城市，我国特大城市仍处于发展的初级阶段，中心城区因其投资收益高、资源优势强，聚集了大量产业和人口，人口密度远高于近郊区和远郊区。近年来北京、上海等特大城市加快发展新城，构建多中心的空间格局，但效果并不理想。一方面，由于传统的追求经济增长的政绩考核体系没有根本改变，中心城区政府依然具有扩张发展的强烈冲动，重大产业项目和重要战略资源

仍然在中心城区不断汇集，行政、经济、服务等多重功能继续在核心城区高度叠加。另一方面，一些特大城市在实施城市总体规划中，统筹不够，重点不突出，县、区新城同质竞争，整体效益不高。有些城市各种名目的产业功能区超过一百多个，这些产业区布局分散，大多由区县级主导推动，同质性强，存在恶性竞争现象。

（三）要素价格形成机制尚需完善，人口调控的市场手段有待建立

我国特大城市行政级别较高，具有强大的行政调动资源能力，导致要素价格不能完全反映市场供求关系，市场调控产业和人口的作用无法有效发挥。以北京市为例，其水、天然气价格都低于人口输出地的省会城市，要素价格原本能够成为调控人口的市场手段，最终反而成为吸纳人口进入的政策因素；在土地使用价格方面，不同区位没有形成级差地租，一些大规模的低端产业仍然分布在城市的中心区域，如服装批发市场和小商品市场就有十几处，积聚了大量就业人员。

（四）一些特大城市未与周边地区形成良性的组团式发展，人口疏解的空间受限

与长三角、珠三角的区域发展情况不同，京津冀地区一直以来没有形成具有规模优势的区域发展状态，北京周边缺少具有人口吸纳能力的缓冲带。并且，由于与周边地区发展落差较大，北京、天津成为周边大量富余农业人口转移的首选之地。据统计，京津周边有32个贫困县、3798个贫困村、276万贫困人口，河北一半左右的农民工到北京谋生，30%流向天津。近年来，首都经济圈上升为国家战略，北京与河北、天津等省市加强省际协作，但仍缺乏有效的统筹协调机制。打破体制制约和区域壁垒，实现生产要素跨地区优化组合，协调区域内产业发展，完善区域产业链和城市网络，使特大城市由“虹吸”效应逐步转化为“溢出”效应，是破解包括北京在内的特大城市人口问题的关键环节。

三、特大城市人口调控的思路和政策建议

以特大城市为中心的城市群、都市圈将是我国城镇人口的主要承载区。当前，特大城市人口调控应实现三个转变：由单向控制人口进入向建立和完善人口退出机制、实现人口动态均衡转变；由单纯人口规模控制向合理调控人口总量和增速、优化人口结构和空间分布转变；由直接的行政调控向综合运用行政、经济、法律、社会管理和公共服务等手段间接调控转变。

特大城市人口调控的基本思路应当是按照开放包容的城市发展理念，以增强城市人口活力、形成区域发展引擎、促进社会和谐为目标，建立和完善以政府规划为引导、市场调节为基础、社会管理和公共服务制度为支撑的综合调控机制，逐步形成增长有序、规模适度、结构优化、分布合理、服务均等的人口发展格局，确保特大城市健康可持续发展。特大城市的人口调控措施应长短结合、远近兼顾，既要有城市内部的科学规划和管理，也要有站在区域、全国层面的整体谋划。具体建议如下：

（一）加快推进以特大城市为中心的都市圈发展，增强区域人口综合承载力

科学编制特大城市都市圈规划，建立和完善跨区域城市发展协调机制。明确都市圈内各类城市功能定位，合理规划产业布局、基础设施建设和公共服务资源配置，加强规划实施监督。建立跨区域的统一规划建设、信息共享、协调会商、应急处理等机制，率先实现跨区域城市间产业分工、基础设施建设、生态环境治理的协调联动。加快构建圈内、市内的高铁、地铁、轻轨等轨道交通网。推动公交优先发展战略，优先保障公共交通投资和用地，增强公交出行便利性。探索建立都市圈内公共财政基金，加快公共服务和社会保障区域一体化进程，优先实现

圈内人口教育机会均等化。加快完善区域内各类城镇综合服务功能，形成吸纳流动人口多层次、梯度化的蓄水池，有效调节人口的空间分布，减轻人口向心聚集带来的巨大压力。

建立产业转移利益共享机制。研究出台鼓励企业跨区域转移的财税、土地利用等优惠政策，探索税收共享政策。凡是要在特大城市投资或者已经在特大城市投资、需要向周边城市转移的企业，实行两地税收共享。共建产业园区。由特大城市下辖的各级政府，分别与周边城市签订协议，共同建立产业园区，或由特大城市下辖的区县和周边城市结对子，扶持周边城市发展，共建共享公共服务资源。

（二）以优质公共资源和增量投资带动，加强新城人口疏解能力

加强统筹，强力推进优质资源向新城转移。明确中心城区的核心功能，严格限制医疗、教育、行政办公等大型服务设施在中心城区的新建和扩建。制定优质的高等教育、科学研究、医疗卫生、文化艺术等资源向重点新城的转移方案和时间表。鼓励中心城区在非保护区内发展高密度住宅，提高中心城区人口居住密度，缓解职住分离状况。

依托重大基础设施建设和重大工程项目，加快新城建设。合理确定新城与中心城以及新城之间的空间距离，加强各城之间轨道交通联结。中央和市级新增重大项目只能进入新城或区域内其他城市，以利加快形成新的产业、人口、服务聚集中心。综合运用金融信贷、投资税收、建设用地等政策手段，引导工业企业向特大城市周边中小城市和小城镇转移。明确规定特大城市空间扩张边界和红线，遏制各区发展冲动导致的无序无度蔓延，为城市留出更多的生态修复空间。

（三）强化市场调节功能，完善产业、人口进入退出机制

启动房产税征收试点，形成人口、产业退出倒逼机制。取消在特大城市购置商品房与户籍相关的限制政策。通过商品房价格的市场化，提高中心区位土地出

让金额度，提高土地资源利用的效率。研究制定住房保有环节房产税征收试点方案，对家庭人均保有规定面积以上的面积征收房产税，将单位所有的房产和集体建设用地上建造的公租房纳入征收房产税试点范围。提高工业用水、用电、用地价格，严格限制低端工业进入周边新区。

合理提高生活成本。加快特大城市市政公用事业产品价格形成机制改革，通过生产、生活成本调控人口规模。尽快实行水、电、气阶梯价格，适度提高公交、地铁票价，制定对低收入人口的相关补贴政策。

（四）加快户籍管理制度改革，建立分层、分类、有梯度的公共服务供给制度

按照中央统一要求，推进户籍制度改革。分批、有序解决长期在特大城市稳定就业、稳定居住人口的落户问题，促进流动人口社会融合。依托居住证制度，按照权利义务对等原则，保障流动人口基本公共服务和发展权利，逐步享有与城市人口同等的福利待遇。优先实现实有人口教育、就业的机会均等。根据人口的对公共服务需求差别化的特点和公共服务均等化的要求，选择一些区县试点，建立民办学校和民办医院，政府提供用地、给予补贴，满足流动人口公共服务需求。鼓励城内优质学校教师和医生到试点地区定期服务，逐步提高办学条件和水准。在社区建设、城中村改造中为方便居民生活的个体经营的小型服务业发展留下空间，努力扩大城市就业。

（五）完善特大城市考核评价指标体系，提高城市精细化管理水平

突出流动人口市民化、城市生态环境质量等内容，完善特大城市经济社会发展考核评价指标体系。把人口流向作为确定财政转移支付方向和力度的重要依据，加大以收入和财产为税基的税收在整个地方财政收入中的比重。增加对流动人口市民化、城市宜居程度、城市创新能力、对区域辐射带动能力等指标的考核权重，逐渐弱化对经济总量和增速的考核，引导特大城市人口与资源环境、经济社会协

调发展。

夯实城市管理基础性工作。推进人口基础数据部门共享，完善常住人口信息管理系统。加强人口流量、流向、生存发展状况的动态监测，建立融合人口、土地、产业、资源环境、公共服务等方面信息和服务管理功能于一体的精细化的城市管理体系。综合运用现代信息技术，加强城市政府与居民之间的良性互动，提高城市治理效率。

专题一

北京篇

报告一

北京市人口规模调控要有新思路

国家发展改革委城市和小城镇改革发展中心课题组*

过去十几年，北京市人口总量屡屡突破各类规划的人口上限，使得人口问题成为政府管理的重大难题。当前对北京市人口问题的研究，大多强调承载力的自然约束条件，对经济社会分析和人口集聚的基本规律分析不够。本研究采用定量描述方式，分析近年来北京市人口增长的轨迹、趋势、约束条件，并对人口聚集的原因进行经济学和社会学分析。

一、北京市人口发展基本情况

（一）人口呈现快速增长态势

2011 年北京市常住总人口 2018.6 万人，其中，常住外来人口达 742.2 万人。从 1978 ~ 2011 年北京市人口数量看，户籍人口的增长较平缓，而常住人口的增长主要是从 1995 年开始，并由外来人口的增长带来的。1995 ~ 2011 年常住外来人口在常住人口中的比重由 14.5% 提高到 36.8%（图 1）。

---

* 课题组负责人：李铁　课题组成员：李铁 范毅 王大伟 徐勤贤 李可 邱爱军 文辉 王妍 王春

从数量上来看，常住人口在 1995 ~ 2000 年、2001 ~ 2005 年、2006 ~ 2011 年这三个时期内分别增长 112.5 万人、152.9 万人、417.6 万人；常住外来人口在三个时期内分别增长 75.3 万人、94.5 万人、338.8 万人。而户籍人口仅增长了 37.2 万人，58.4 万人和 80.3 万人。

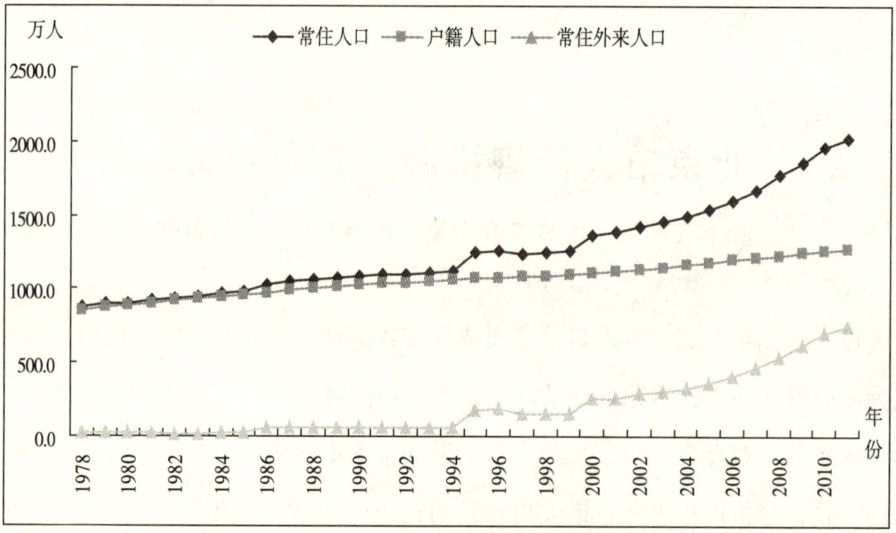

图 1　1978 ~ 2011 年北京市人口增长情况

资料来源：《北京统计年鉴 2012》。

从人口增速看，常住人口在三个时期的年均增长率分别达 1.74%、2.65% 和 4.74%，同期户籍人口的年均增长率分别为 0.69%、1.27% 和 1.3%，而常住外来人口的年均增长率分别为 7.21%、7.98% 和 12.97%。可见，人口加速增长态势显著（表 1）。北京常住外来人口在 2006 年以后，增长速度发生了较大的变化，从年均 7.98% 突然上升到 12.97%，提高了 5 个多百分点的增长速度。期间还包括在 2010 年以后实行了更严格的限制人口进入政策，原因我们将在以后的分析中给出。

表1 1995～2011年常住人口、常住外来人口及常住户籍人口情况

人口类别	指　标	时　　期		
		1995～2000	2001～2005	2006～2011
平均每年增长（万人）	常住人口	22.5	38.2	83.5
	常住外来人口	15.1	23.6	67.8
	户籍人口	7.44	14.6	16.06
比期初增长（%）	常住人口	8.99	11.04	26.08
	常住外来人口	41.64	35.96	83.98
	户籍人口	3.48	5.2	6.71
年均增长率（%）	常住人口	1.74	2.65	4.74
	常住外来人口	7.21	7.98	12.97
	户籍人口	0.69	1.27	1.3

资料来源：《北京统计年鉴2012》。

2010年北京常住人口中，外省市来京人员为704.5万人。根据“六普”的数据推算，其中城镇间流动人口约为218.9万人。和“五普”推算的数据相比，外省来京的城镇间流动人口在十年间增加了143.9万人。同时，根据农民工调查监测报告，举家迁徙农民工占外出农民工的比重为20%，可以推算出2010年北京市举家迁徙的外来人口约为140.9万人。城镇间流动人口以及举家迁徙的外来人口应是未来北京市人口政策关注的重点人群。

此外，在北京还有一批流动人口存在，主要是来京旅游者。2011年，北京的国内旅游人数共20884万人次，平均日旅游人数有57万人次①；其中，外地来京旅游12818万人次，平均日旅游人数有35万人次。实际上，他们也同样在消费着北京的公共资源和基础设施。这一点我们不能忽略。

① 根据《北京统计年鉴2012》中“来京旅游者人数”除以365天推算得出。

（二）人口空间布局变化

研究北京人口的空间布局，最难确定的就是如何分区。现有的按照功能区划分空间，把东西城划为首都功能核心区，显然与北京实际的核心区有较大的出入，例如朝阳区的中央 CBD 核心区居然也被排斥在功能核心区之外。另外，有利于通过人口密度了解主城区的地理边界，也因行政区划的划分，无法进行精确的统计。如朝阳区和海淀区在地理和功能上都相当于主城区，然而这两个区又存在着大量的农村地区，无法通过行政区进行甄别。因此，影响到我们在空间上对各区明确的定位，只能按照现行的划分方法区别描述。前者是按照功能区的方式，后者是传统的主城区和郊区的方式。

1. 按首都功能区划分空间

2011 年，北京市首都功能核心区、城市功能拓展区、城市发展新区和生态涵养发展区①常住人口分别为 215 万人、986.4 万人、629.9 万人和 187.3 万人。从比重上看，2011 年全市有 80.1% 的常住人口、88.6% 的常住外来人口、75.1% 的常住户籍人口集中在功能拓展区和城市发展新区。常住人口占全市常住总人口的比重，在功能拓展区和城市发展新区分别为 48.9%、31.2%，在首都功能核心区和生态涵养发展区分别为 10.6% 和 9.3%。常住外来人口占全市外来人口总数的比重，在功能拓展区和城市发展新区分别为 53.9% 和 34.7%，在首都功能核心区和生态涵养发展区分别为 7.2% 和 4.2%。常住户籍人口占全市常住户籍人口总数的比重，在功能拓展区和城市发展新区分别为 45.9% 和 29.2%，在首都功能核心区和生态涵养发展区分别为 12.7% 和 12.2%。

常住人口在功能核心区和生态涵养发展区的比重是下降的，但在功能拓展区

① 说明：2005年《中共北京市委北京市人民政府关于区县功能定位及评价指标的指导意见》中将北京划分为四大功能区：首都功能核心区为东城、西城；城市功能拓展区为朝阳、丰台、石景山、海淀；城市发展新区为房山、通州、顺义、昌平、大兴；生态涵养发展区为门头沟、平谷、怀柔以及密云县和延庆县。

和城市发展新区的比重是增长的；而常住外来人口只有在城市发展新区的比重是提高的，在其他三个功能区的比重均是下降的。2011 年首都功能核心区常住人口、常住外来人口的比重分别较 2005 年下降了 2.6 个和 3 个百分点；城市功能拓展区常住人口比重增长了 0.3 个百分点，但常住外来人口比重却降低了 4.7 个百分点；城市发展新区则分别增长了 4.4 个和 8.3 个百分点；生态涵养发展区则分别降低了 2 个和 0.6 个百分点。虽然常住人口和常住外来人口在四个功能区的人数都是增长的，但是从比重看，常住外来人口向城市发展新区集中的趋势比较明显（表 2）。

表 2　2005 和 2011 年份功能区的人口空间分布情况

人口类别	指标	年份	首都功能核心区	城市功能拓展区	城市发展新区	生态涵养发展区
人数（万人）	常住人口	2005	205.2	748.0	411.6	173.2
		2011	215	986.4	629.9	187.3
	常住外来人口	2005	36.4	209.2	94.4	17.3
		2011	53.4	400	257.7	31.1
	常住户籍人口	2005	168.8	538.8	317.2	155.9
		2011	161.6	586.4	372.2	156.2
占各自总人口比重（%）	常住人口	2005	13.3	48.6	26.8	11.3
		2011	10.6	48.9	31.2	9.3
	常住外来人口	2005	10.2	58.6	26.4	4.8
		2011	7.2	53.9	34.7	4.2
	常住户籍人口	2005	14.3	45.6	26.9	13.2
		2011	12.7	45.9	29.2	12.2

资料来源：《北京统计年鉴 2006》《北京统计年鉴 2012》。

2. 按人口密度划分空间

基于可获得数据的限制，我们讨论人口空间分布时，以北京市人口密度为标准重新将空间划分为主城区、近郊区和远郊区。2011 年，东城、西城常住人口密度分别为 21739 人 / 平方公里和 24540 人 / 平方公里；朝阳、丰台、石景山、海淀常住人口密度分别为 8038 人 / 平方公里、7096 人 / 平方公里、7519 人 / 平方公里和 7898 人 / 平方公里；通州、顺义、昌平、大兴分别为 1379 人 / 平方公里、897 人 / 平方公里、1294 人 / 平方公里和 1379 人 / 平方公里；其余的区县均在 500 人 / 平方公里以下。因此，我们认为，主城区指东城、西城、朝阳、丰台、石景山、海淀（2009 年前还包括崇文、宣武）；近郊区指顺义、通州、大兴、昌平；远郊区指门头沟、房山、平谷、怀柔、密云、延庆（图 2）。

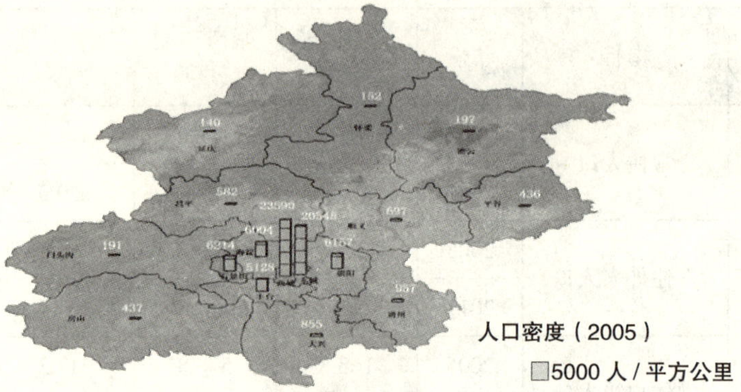

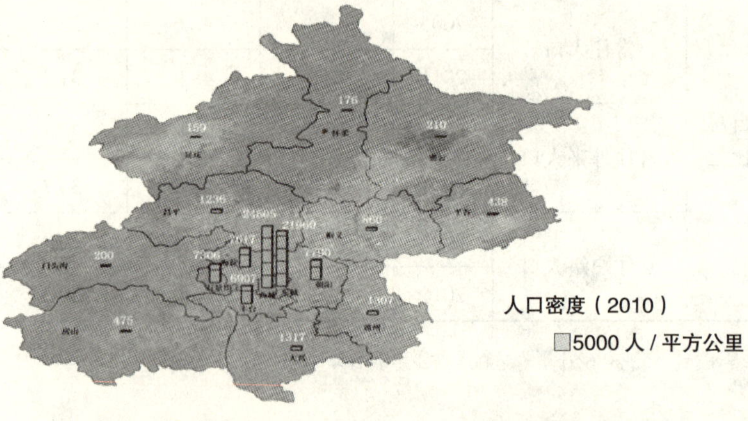

图 2　2005 年和 2010 年北京市常住人口密度

资料来源：《北京统计年鉴 2006》《北京统计年鉴 2011》。

2011 年北京市主城区共集中了 59.5% 的常住人口（1201.4 万人）、61.1% 的常住外来人口（453.4 万人）以及 58.6% 的常住户籍人口（748 万人）；近郊区集中了 26.4% 的常住人口（533.2 万人）、31.8% 的常住外来人口（236.3 万人）以及 23.3% 的常住户籍人口（296.9 万人）；远郊区集中了 14.1% 的常住人口（284 万人）、7.1% 的常住外来人口（52.5 万人）以及 18.1% 的常住户籍人口（231.5 万人）。

从人口空间分布变化来看，主城区的常住人口和常住外来人口比重正逐渐下降，而近郊区的比重正在上升。因 2005 年前统计口径发生变化，我们只分析 2005 ~ 2011 年人口空间分布变化情况[①]。

2011 年常住人口在主城区、近郊区和远郊区分别为 1201.4 万人、533.2 万人、284 万人，分别较 2005 年增加了 248.2 万人、208.6 万人和 23.8 万人，但是其占常住总人口的比重却分别下降了 2.5%、增长了 5.3% 和下降了 2.8%（图 3）。

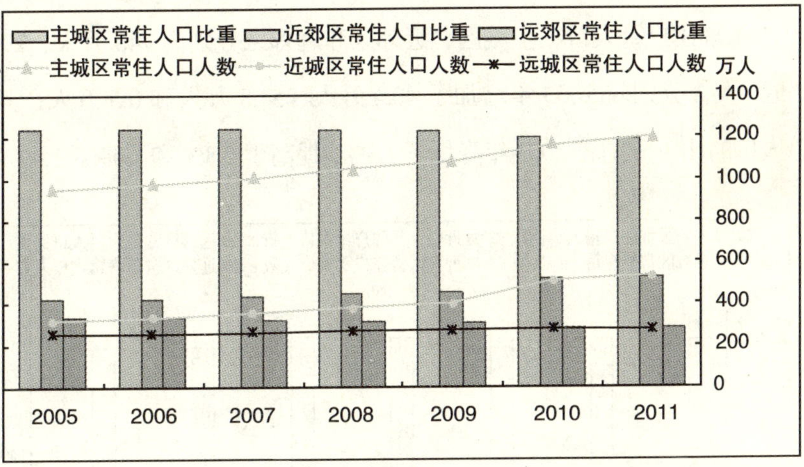

图 3　2005 ~ 2011 年常住人口的空间分布情况

2011 年常住外来人口在主城区、近郊区和远郊区分别为 453.4 万人、236.3

① 说明：这部分数据均根据2006 ~ 2012年各年的《北京统计年鉴》数据计算得出。

万人和52.5万人，分别较2005年增加了207.8万人、153.8万人和23.3万人；其占常住外来人口总数的比重分别较2005年下降了7.6%、提高了8.7%、下降了1.1%（图4）。

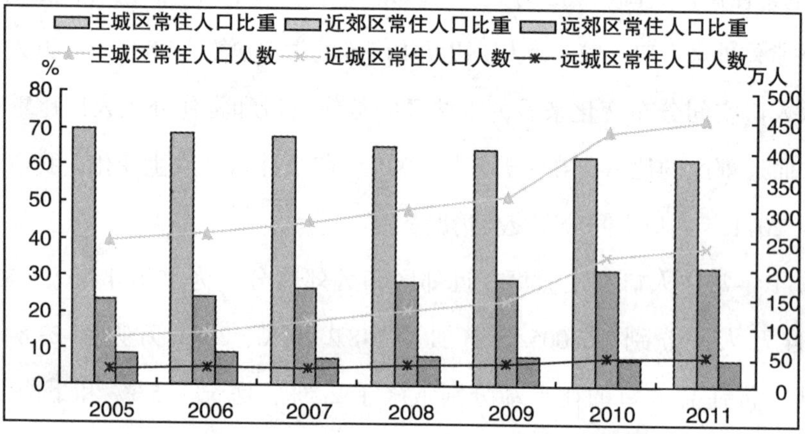

图4　2005～2011年常住外来人口的空间分布情况

2011年常住户籍人口在主城区、近郊区和远郊区分别为748万人、296.9万人和231.5万人，分别较2005年增加了40.4万人、54.8万人和0.5万人；其占常住户籍总人口的比重分别较2005年降低了1.3%、提高了2.8%和下降了1.4%（图5）。

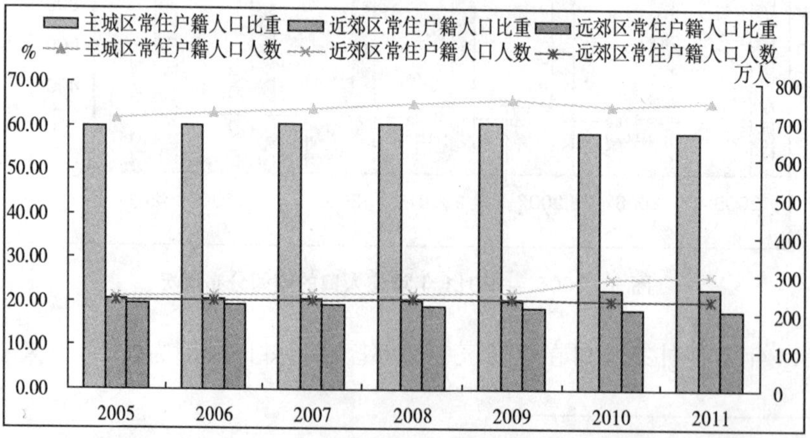

图5　2005～2011年常住户籍人口的空间分布情况

从上面的分析可以看出，虽然这三类人口在主城区、近郊区和远郊区的人数有着不同幅度的增加，但是只有在近郊区的比重是提高的。这也说明了人口由主城区向近郊区迁移的趋势显现。

但是，我们再看一下就业的情况。由于经济普查是每五年举行一次，所以我们只能使用2004年和2008年的数据进行分析。根据北京市第二次经济普查数据，2008年底北京市第二、第三产业就业岗位约816.9万人，对应我们的空间分区，其中，主城区有就业602.3万人，占73.7%；近郊区有就业147万人，占18.0%；而远郊区有就业67.6万人，占8.3%。可见，就业仍主要集中在主城区。

和北京市第一次经济普查的数据相比，主城区就业增加了91.2万人，近郊区就业增加了27.7万人，而远郊区的就业则减少了7.2万人；从比重上看，主城区的比重上升了1.27个百分点，较近郊区高出0.19个百分点，而远郊区比重则下降2.35个百分点。可见，就业仍在向主城区集中，这和人口向主城区外集聚的趋势明显不同（表3）。

表3　第二、第三产业从业人员空间变化情况

空间	从业人员人数（万人）			从业人员占总数的比重（%）		
	2004	2008	变化	2004	2008	变化
主城区	511.1	602.3	+91.2	72.47	73.74	+1.27
近郊区	119.3	147.0	+27.7	16.92	18.00	+1.08
远郊区	74.8	67.6	–7.2	10.61	8.26	–2.35

资料来源：2004年数据为北京市第一次经济普查数据，2008年数据为北京市第二次经济普查数据。

（三）人口公共服务不均等

北京的户籍居民和外来人口间仍存在公共服务不均等的现象。比如，农民工

子女教育方面，农民工子女入读公办学校仍然受到“五证”[1]难办等门槛的制约。又如，在流动人口聚居的城乡结合部，居住条件恶劣，市政设施落后，环境卫生差，基本公共服务难以按实际需要配套。在享受保障房待遇方面，虽然公租房申请已对符合条件的外来农民工放开，但是目前廉租房、经济适用房、限价房等还不能放开。人口公共服务的不均等会带来一系列的社会问题，如果得不到重视和解决，未来会产生潜在的社会隐患。

二、特大型城市的国际比较

特大型城市的国际比较如果采用相对科学的分析方法，应该选择两类国家的特大型城市作为比较。一是发达国家的特大型城市；二是新兴经济体的特大型城市。目前新兴经济体的资料搜集起来还有些困难，如巴西的里约热内卢和圣保罗、阿根廷的布宜诺斯艾利斯、墨西哥城、印度的新德里等。因此，本课题只采用了发达国家的几个特大城市。

城市的人口调控从制度上看在国际上是不存在的，因为实行所谓户籍管理体制的国家只有中国等少数几个国家。市场经济国家城市人口的流入和流出，基本上受就业、收入以及生活成本的限制，所谓调控也是遵循市场的规律。因此，我们只能将其他国家城市的客观状况和发展历程进行描述，而很难从政策效果上进行比较。

纽约、伦敦和东京是发达国家比较典型的特大型城市，以下主要对上述三个城市的人口总量、空间分布、人口结构等进行对比分析。

---

① 资料来源：《北京市教育委员会关于加强中小学接收借读生管理的通知》的规定，非户籍孩子要入读北京公办校，家长必须要提供包括在京暂住证、在京实际住所居住证明、在京务工就业证明、户口所在地乡镇政府出具的在当地没有监护条件的证明、全家户口簿在内的五份证明文件。

（一）主要经验

1. 特大城市人口增长与其所在国家城市化的快速发展具有同步性

如图 6 所示，纽约、伦敦和东京三个城市人口的快速增长时期也是其国家城市化快速发展时期，而随着国家城市化的成熟，这三个城市的人口总量也逐渐趋于稳定。

自 1790 年美国有统计数据以来，虽然早期纽约人口增长相对速度较快，但是直到 1860 年前几年才达到 100 万。1880 年前后美国城市化开始加速，到 1930 年美国城市化率达到 54%，年均增长 0.52 个百分点，是美国历史上城市化增长最快的一个时期。同期纽约城市人口从 191 万增长到 693 万，年均增长 10 万人，也就是每 10 年增长 100 万人，自此以后纽约人口开始出现一定程度的波动（图 6）。

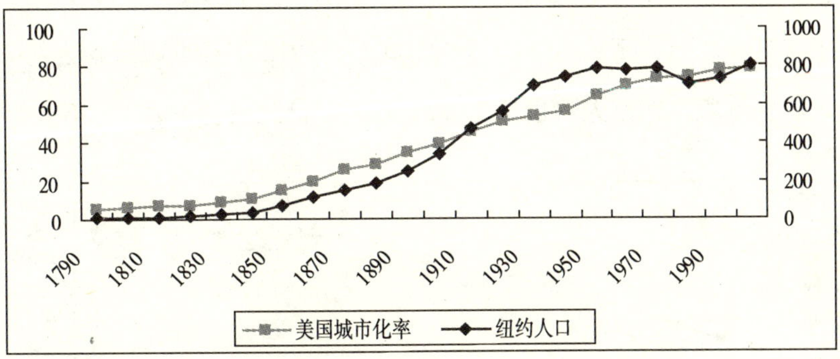

图 6　美国城市化和纽约城市人口发展对比图

资料来源：美国统计年鉴（相关年份）、纽约州统计年鉴（相关年份）。

伦敦在 1700 年人口已达 50 万，到 1800 年达到 100 万，而英国城市化也在 1800 年超过 30%，到 1840 年伦敦人口已达 224 万。1840 ~ 1900 年，英国城市化率提高了 30 个百分点，年均 0.5 个百分点；伦敦人口增长了 435 万人，达到 658.6 万人，年均增长 7.2 万人。自此以后，伦敦人口除在 1920 ~ 1930 年间经历较快增长外，也基本保持了稳定（图 7）。

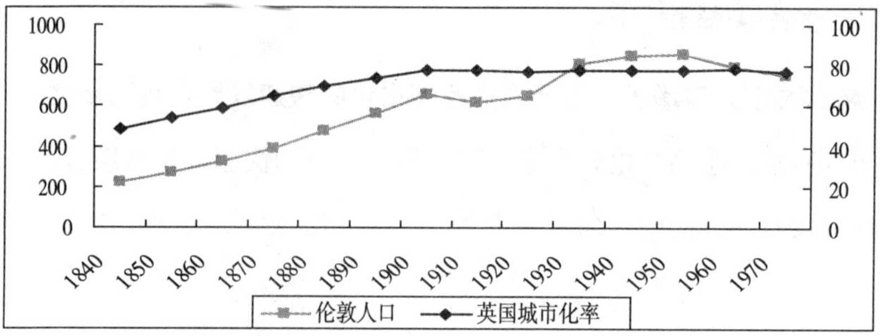

图 7 英国城市化和伦敦城市人口发展对比图

资料来源：根据陆军、王文姝等《纽约、东京与伦敦的人口规模演变》《城市问题》2010 年第 9 期和廖跃文的《英国维多利亚时期城市化的发展特点》《世界历史》1997 年第 5 期等资料整理。

1925 ~ 1940 年，日本城市化①提高了 16 个百分点，年均 1 个多百分点；同期东京人口增长了接近 300 万，平均每 5 年增长 100 万。第二次世界大战后，1950 ~ 1970 年，日本城市化提高了 34.7 个百分点，年均 1.7 个百分点，东京人口增长了接近 500 万，平均每 4 年增长 100 万。1970 年日本城市化达到 72.2%，基本进入成熟阶段，东京人口也达 1140.8 万人，自此变动不大（图 8）。

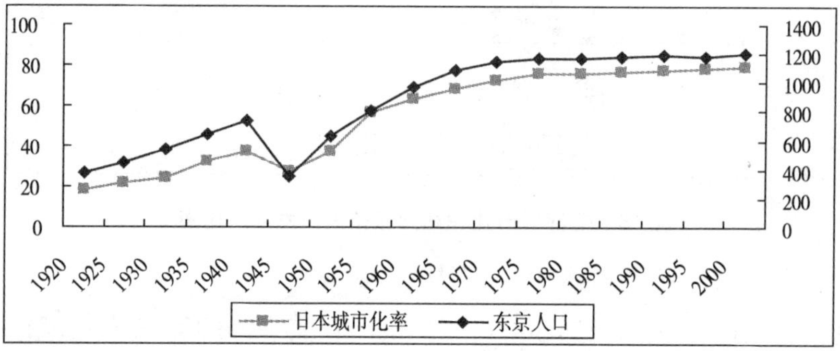

图 8 日本城市化和东京城市人口发展对比图

资料来源：日本统计年鉴（相关年份）、东京都统计年鉴（相关年份）。

① 本报告所使用的日本城市化率为日本国势调查中市域人口的比重。

2. 中心城区人口经历“增长—下降—缓慢回升”的过程

特大城市中心城区的人口最初随城市化水平的提高而迅速增加。以纽约曼哈顿为例，1790 年曼哈顿仅 3.3 万人，到 1840 年，曼哈顿人口刚超过 30 万，伴随着美国城市化的加速，曼哈顿人口总量快速膨胀，到 1910 年最高达到 233 万人，年均增长近 3 万人（图 9）。东京内环人口在 1965 年最高达到 889 万人（图 10）。

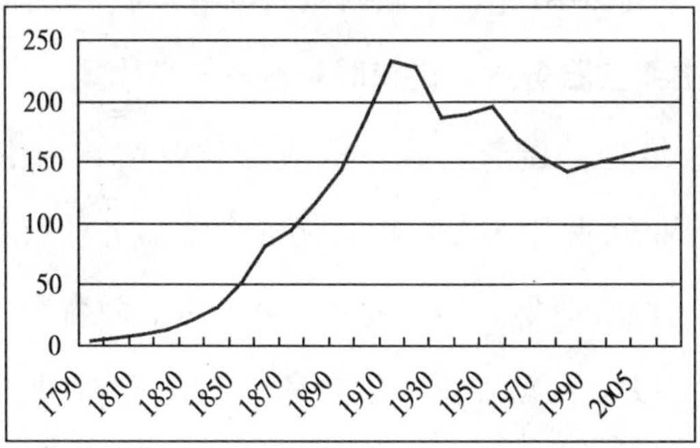

图 9　曼哈顿人口变迁

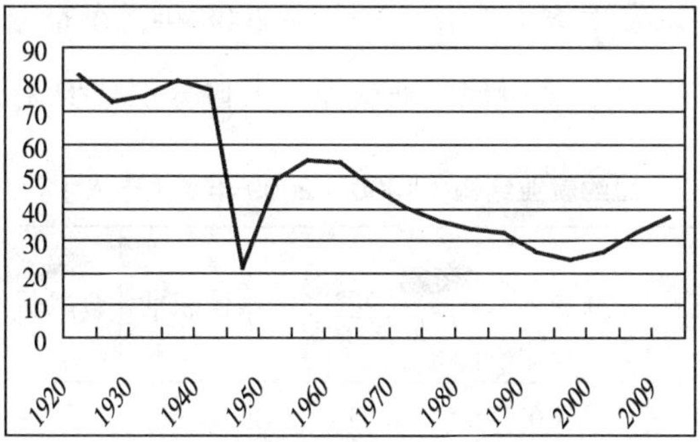

图 10　东京都心三区人口变迁

资料来源：纽约州统计年鉴（相关年份）、东京都统计年鉴（相关年份）。

中心城区人口的增多带来地价不断升高，一些工商业不得不外迁；同时还导致市区过度拥挤、环境恶化、用地紧张等问题日益突出，一部分城市居民为了改善生活质量和环境，逐渐开始迁离中心区，中心区的人口也开始出现下降。到 1980 年，曼哈顿人口下降到 142 万，比 1910 年减少了 38.7%。东京内环人口也从 1965 年开始减少，到 1995 年下降到 796 万，比最高峰减少了近 100 万人，而都心三区更是在 1995 年仅为人口最高峰时期的 29.8%（图 10）。20 世纪 70 年代，伦敦内城人口下降了 4.2%。

近年来，特大城市中心城区人口又恢复增长趋势。曼哈顿人口从 19 世纪 80 年代开始出现增长，2008 年恢复到 163 万。东京内环在过去 20 年，重新增长 100 万人口。2000 年到 2010 年，伦敦内城人口增长了 32 万人。

3. 就业增长主要在服务业，传统服务业占较高比重

随着城市产业结构的调整，服务业成为就业增长的主要渠道。从 1990 ~ 2009 年，纽约制造业就业岗位减少了 51 万个，而服务业就业岗位增加了 104 万个（表 4）。纽约将服务业划分为专业和商业服务、教育和健康服务、休闲和酒店及其他服务业等四类。而就业增长主要来自于前三类，其中专业和商业服务增长了 23.6 万人，教育和健康服务增长了 58.7 万人，休闲和酒店增长了 13.7 万人，这三类服务业也主要得益于人口在城市的高度集中。而金融、保险等所谓的高端服务业就业总量并未发生太大变化。1997 ~ 2008 年，东京服务业就业总量增加了 35 万个，而在制造业、金融保险业就业的人口分别减少 31 万人、8 万人。

表 4　　纽约就业结构（1990 ~ 2009 年）（千人）

年份	采矿业	建筑业	制造业	贸易、交通和公用事业	信息业	金融保险	服务业	政府管理人员
1990	6.7	322.8	981.6	1571.8	286	779.4	2792	1472.9
1991	5.8	277.3	908.4	1482.5	272.6	747	2749.5	1444.6
1992	5.5	245.6	868.2	1438.6	261.8	723.8	2760.3	1427.5
1993	5.6	244.3	834.9	1430.4	260.8	722.6	2829.4	1432.8
1994	5.7	249.9	814.2	1432.5	261.1	729.8	2904.2	1435.5
1995	5.6	252	808.8	1450.7	265.5	719.3	2975.8	1415.9
1996	5.5	255.1	795.3	1448.5	270.5	715.8	3049.5	1400.1
1997	5.3	265.5	795.6	1456.5	278	720	3141.6	1406.4

续表

年份	采矿业	建筑业	制造业	贸易、交通和公用事业	信息业	金融保险	服务业	政府管理人员
1998	5.4	284.4	790.3	1470.3	287.6	732.3	3244.9	1423.5
1999	5.5	311.1	771.3	1505.6	296.8	741.1	3381.8	1444.8
2000	5.5	327.3	749.3	1543.1	318.1	746.9	3479.9	1467.2
2001	5.3	330.5	706.7	1514.8	323.6	731.7	3514	1467.3
2002	5.1	321.9	650.7	1479.1	295.1	704.8	3512.4	1492.1
2003	5.3	319.1	611.9	1474.7	275.4	696.5	3539	1487.3
2004	5.7	322.2	595.5	1486.8	268.8	701.9	3599.6	1483.8
2005	5.9	325.3	579.4	1500.1	269.3	713.3	3653.9	1489.3
2006	6.2	337.4	566.4	1509	266.8	726.3	3720.4	1485.3
2007	6.2	352.2	551.6	1524.9	264.2	731.1	3802.3	1501
2008	6.3	359.7	531.9	1522.8	263.6	720.4	3872.6	1515.5
2009	5.4	323.9	477.1	1456	253.7	677.9	3837.8	1523.9

资料来源：*2010 New York State Statistical Yearbook*。

特大城市对劳动力的需求也是多元化的，既需要高素质人口，也需要文化素质水平相对较低的劳动力。从城市发展进程来看，特大城市人口的就业结构也与所处的发展阶段是密切相关的。比如，1820 年到 1870 年，纽约的城市建成区比过去扩大了 1 倍。城区的扩大需要大量建筑工人，大量建筑工人成为城市发展的必然需求。随着城市发展的成熟，服务业创造的就业岗位不断增多，但就业岗位的增加并非完全是高端的金融、保险、咨询等专业技术岗位，相反服务人口的休闲、健康、酒店服务等就业岗位却有很大的增加，零售业等传统低端服务业就业比重并未下降，仍在 10% 以上。因此，在曼哈顿繁华的奢侈品专卖店旁边，杂货、小吃等流动摊贩也比比皆是。当前东京都市区，就业劳动力中还有近 10% 的人口为中学以下学历。

（二）与北京的对比分析

1. 北京人口增长具有“速度快、时间短、规模大”的特点

如表 5 所示，纽约、伦敦和东京城市人口的快速增长分别经历了 50 年、50 年和 20 年，而人口增量分别增长了 502 万、390 万和 513 万。东京相对增长速度最为迅速，20 年时间增长了 513 万，这其中还有战后人口恢复增长的因素，在 1950 年时，东京人口还比 1940 年少 108 万。而北京在 2000 ~ 2011 年，常住人口总量增长了 655 万，年均增长近 60 万人。相对而言，纽约等城市虽然也经历了快速增长的时期，但是其时间更长，人口增长所带来的一系列矛盾，可以通过较长时间进行缓解。北京城市人口在一个较短的时间，出现了总量的快速膨胀，而留给北京解决人口增长所带来问题的时间太短，也显化了发展中的一些矛盾。

表 5　　北京与典型城市人口增长情况对比

	纽约	伦敦	东京	北京
人口快速增长时期	1880 ～ 1930	1850 ～ 1900	1950 ～ 1970	2000 ～ 2011
时长（年）	50	50	20	11
人口增量（万人）	502	390	513	655
年均人口增量（万人 / 年）	10.04	7.8	25.65	59.5

2. 北京城市发展所面临的人口基数大

经过城市人口的快速增长，纽约、伦敦和东京城市人口占其所在国人口总量的比重都有一定程度的提高，分别为 1.6、5.1 和 3.4 个百分点。但是当时美国、英国和日本的人口仅为 5016 万、2226 万和 8411 万，而当前中国人口已经达到 13.4 亿。人口众多是北京发展所必须面临的基本国情，虽然经过了 2000 年以来的人口快速增长，但是北京人口所占比重也仅提高了 0.4 个百分点。北京发展要面对中国城镇化的快速增长，再加上中国人口总量庞大这一客观事实，人口涌入

北京也是城镇化进程中的一个正常现象（表 6）。

表 6　　典型特大城市人口及其占所在国人口总量的比重

	纽约		伦敦		东京		北京	
人口数量（万人）	1880 年	191	1850 年	268.5	1950 年	627.8	2000 年	1363.6
所在国人口总量（万人）		5015.6		2225.9		8411.4		126743
比重（%）		3.8		12.1		7.5		1.1
人口数量（万人）	1930 年	693	1900 年	658.6	1970 年	1140.8	2011 年	2018.6
所在国人口总量（万人）		12778.5		3823.7		10466.5		134735
比重（%）		5.4		17.2		10.9		1.5

3. 北京城市人口还将长期面临多元人口进入的现实

特大城市在发展的机会和空间上成为吸引高素质人口进入的重要因素。东京、纽约等城市的发展也证明，这些城市人口的文化素质要高于所在国的平均水平。2002 年东京就业人口中大学以上学历者所占比重为 32.7%，比日本的平均水平高 11.7 个百分点；到 2007 年大学以上学历者所占比重提高到 37.2%，与日本平均水平差距也扩大到 13.4 个百分点。2009 年，纽约本科以上学历人口的比重为 32.4%，比全国平均水平高 4.5 个百分点。

北京由于优质公共服务资源集中，同样具有吸纳高学历人口的基础条件，未来高素质人口将会继续在北京集聚。但值得注意的是，北京发展还要面临中国整体经济发展水平与发达国家还有较大差距的现实，特别是城镇化高速发展时期，还面临着周边大量农村人口进入城市的现实。同时，北京城市规模的扩张，城市基础设施建设的投资力度加大，以及北京市庞大的人口对于不同类型的服务业的强劲需求，也需要大量外来人员进行补充。因此，北京将长期面临多元人口的进入，现代与传统产业并存的局面。

三、北京人口增长的原因

（一）特大城市是我国城镇化进程中的主要载体之一

与纽约、伦敦、东京所呈现的特大城市人口增长与所在国城镇化发展的同步性一样，北京的人口也随着我国城镇化率的增长而增长（图 11）。

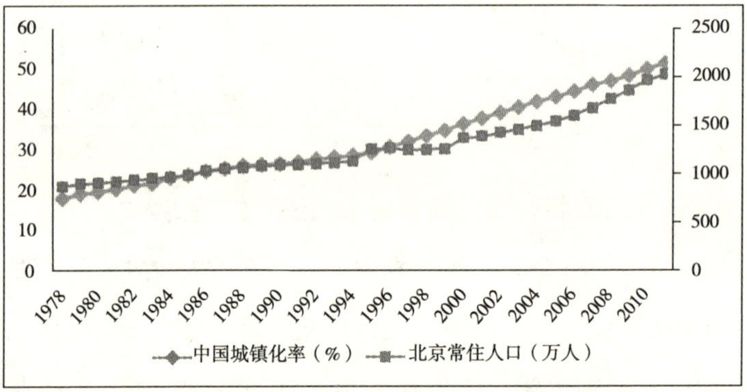

图 11 中国城市化发展与北京常住人口趋势比较

资料来源：《中国统计年鉴 2012》《北京统计年鉴 2012》。

由图 11 可以看出，1978 ~ 1995 年北京常住人口增长较为平缓，而随着中国城镇化率每年增长幅度由 1995 年的 0.53 个百分点提高到 1996 年的 1.44 个百分点，并且随后持续保持在 1 个百分点之上，北京人口开始加速增长，由年均增长 22.33 万人变为年均增长 47.97 万人。这也说明了，随着我国城镇化发展，作为中国主要特大城市之一的北京，成为了吸纳人口的主要载体之一。

（二）就业和收入水平是影响人口向北京流动的直接原因

根据“六普”数据，2010 年北京外来人口主要输出地为河北、河南和山东等地（图 12）。1996 年北京城镇人均工资分别是河北、山东、河南的 1.8、1.6

和 1.9 倍，到 2011 年已经扩大到 2.1、2 和 2.2 倍；在人均财政收入方面，北京与这三个省的差距从 1996 年的 5.1、4.3 和 6.8 倍，变化为 2011 年的 6.2、4.2 和 8.1 倍，除山东倍数缩小外，河北与河南的差距进一步扩大（图 13）。若按户籍人口计算，该差距更大（图 14）。

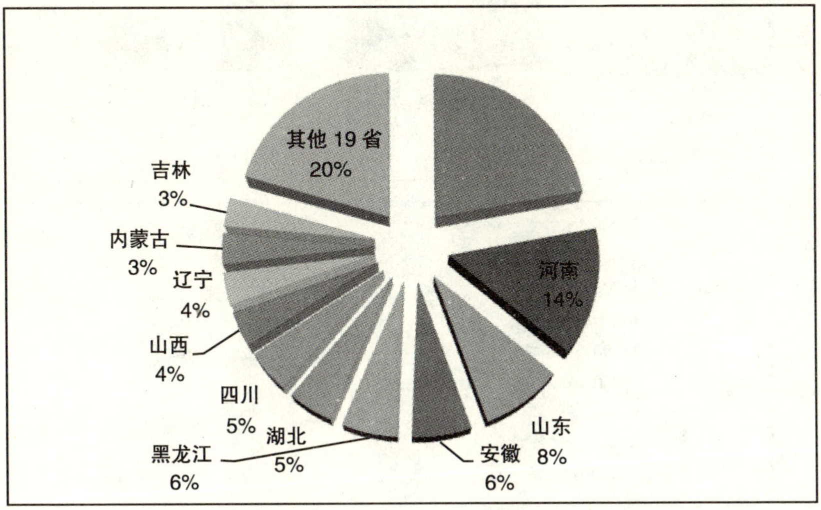

图 12 北京外来人口输出地结构与其人数所占比重

资料来源：国家统计局《第六次全国人口普查汇总数据》。

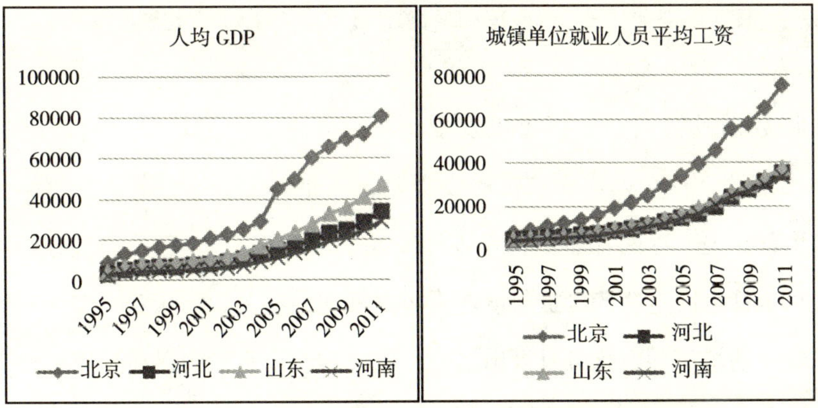

图 13 外来人口输出地与北京的人均 GDP 和平均工资比较

资料来源：1996 ~ 2012 年《中国统计年鉴》。

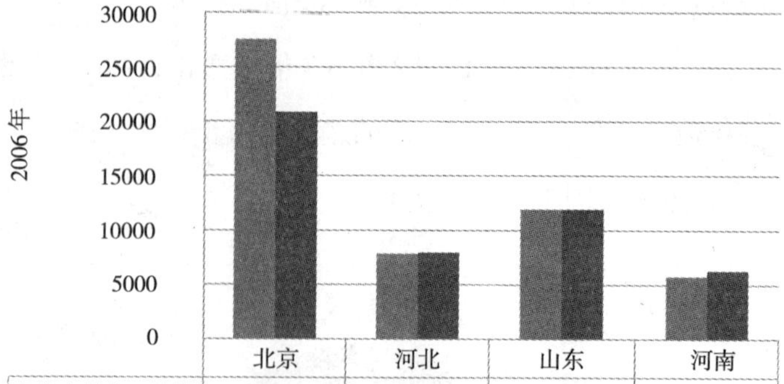

	北京	河北	山东	河南
按户籍人口计算	27471	7883	11970	5801
按常住人口计算	20850	7930	11936	6287

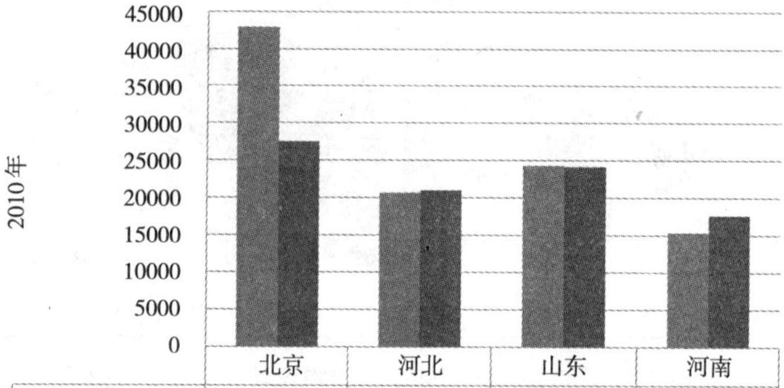

	北京	河北	山东	河南
按户籍人口计算	42823	20668	24413	15358
按常住人口计算	27540	20968	24281	17634

图 14 按常住人口和户籍人口计算的北京与三省人均固定资产投资

资料来源：2007 ~ 2011 年《中国统计年鉴》《人口和就业统计年鉴》。

再将数据进行回归分析可以发现，北京外来人口的增加，与北京和外来人口输出地的全社会人均固定资产投资差、就业人员平均工资差线性相关（图15），也就是说，这两者是影响流动人口动向的直接因素。而再通过分析可以发现，北京全社会固定资产投资与就业人数之间线性相关，意味着固定资产的增加会带来就业的增加。因此可以得出结论，就业和收入水平的提高是吸引外来人口的直接原因。

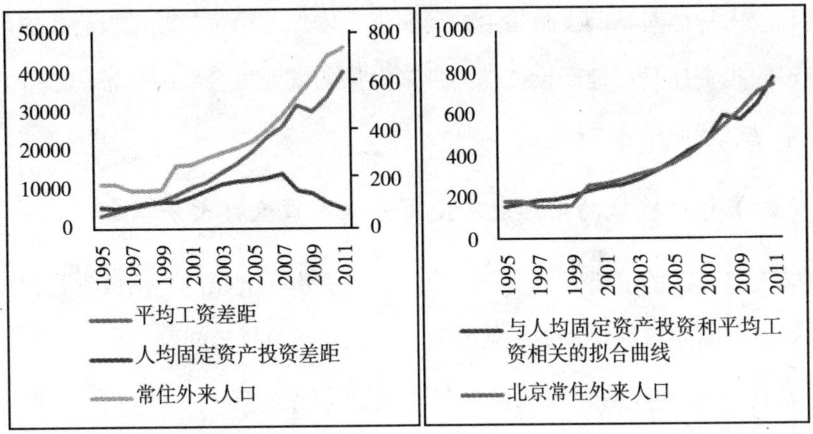

图 15　北京与外来人口输出地三省的人均固定资产投资差和平均工资差的变化情况（左）及二者与北京外来人口的线性关系（右）

资料来源：1996 ~ 2012 年《中国统计年鉴》《北京统计年鉴 2012》。

（三）公共服务水平和优质资源是对人口具有吸引力的关键因素

一是公共服务水平较外来人口输出地要高。2010 年北京市辖区人均财政支出为 18892 元，分别是北京外来人口主要输出省河北、山东和河南省辖区人均财政支出的 3.34 倍、3.75 倍和 3.93 倍①。二是优质资源集中。北京集中了全国最好的大学、最好的医院等优质资源：全国排名前 50 位的大学中，有 9 所在北京；全国知名的 260 所重点中学中，北京占 10 所，多于上海的 6 所和天津的 5 所，更多于许多省份全省的重点中学数，而按综合实力排名的前 20 所重点中学中，北京占 6 所；截至 2011 年全国 1399 所三级医院，北京有 51 所②，约占华北地区三级医院总数的 24%。

公共资源对北京以农民工为主体的外来人口的影响并不是直接的。优质公共资源的集中分布和公共服务水准较高，会直接影响外地高收入群体到北京置业，购买优质的公共服务，结果会抬高房地产价格和增加优质房地产投资，也会直接

① 根据2011年《中国城市统计年鉴》整理得出。

② 资料来源：2012年卫生部《中国卫生统计提要》。

影响到高收入群体对基础设施供给的高要求，增加北京市的基础设施投资。无论是基础设施投资还是房地产投资都会带来大量的就业机会，间接带动了外来人口到北京来寻求就业机会。

（四）相对较低的生活成本使得外来人口生存十分容易

影响人口流动的重要因素就是就业和生活成本。北京的生活成本是很多人没有认识到的。即使是规划专家从来也没有认真研究过这类问题。

一是食品成本价格相对较低，增长速度较慢。1995 ~ 2011 年，北京的食品平均物价指数为 104.86[①]，比外来人口主要输出地河北、山东、河南分别低 0.32、0.45 和 0.87，17 年间北京食品价格上涨幅度也最小。

通过比较 2011 年北京与外来人口输出地省会城市的几种常见食品价格，可以发现北京的生活成本相对较低（表 7），其中大米、猪肉价格均低于其余三个城市，花生油、大白菜低于济南和郑州。但同年北京就业人员平均工资却是河北的 2.14 倍，因此北京的食品支出占收入的比重是最低的。

表 7　北京与外来人口输出地省会城市食品价格比较（元 / 公斤）

食品类别	北京	石家庄	济南	郑州
大米	5.06	5.29	5.20	5.16
猪肉	27.99	28.38	35.41	28.80
花生油	20.95	20.65	21.96	22.03
鸡蛋	9.29	8.76	8.87	8.60
大白菜	2.13	1.52	2.19	2.22
香蕉	6.72	5.35	7.91	5.55

资料来源：《2012 年中国城市（镇）生活与价格年鉴》。

二是公用事业的价格收入比相对较低。近 6 年来，北京水价仅在 2009 年上

① 资料由1996 ~ 2012年《中国统计年鉴》整理得出。

调过一次，由3.7元/立方米上调到4元/立方米。2010年，北京、石家庄、济南和郑州的水价分别为4元、3.3元、3.5元和2.25元，按全国平均居民生活年用水量57.25立方米/人①计算，则在四地生活的水费支出占当年平均工资比重分别为0.35%、0.6%、0.6%和0.43%，北京最低（表8）。2012年7月，北京、河北、河南、山东均开始实行三档阶梯电价，从每档范围和单价来看，北京电价都为四地最低（表9）。目前四地的民用管道天然气价格，北京也为最低（表10）。

表8　　北京与外来人口主要输出地三省水费支出比较

地区	居民生活用水单价＋污水处理费（元/立方米）	年用水量（立方米/人）	年均水费支出（元）	平均工资（元）	水费支出占平均工资比重（%）
北京	4	57.25	229.00	65158	0.35
河北	3.3	57.25	188.93	31451	0.60
山东	3.5	57.25	200.38	33321	0.60
河南	2.25	57.25	128.81	29819	0.43

资料来源：《中国统计年鉴2011》、中国水网。

表9　　北京与外来人口主要输出地三省电价比较

地区	单位	一档	二档	三档
北京	千瓦时	0～240	240～400	400以上
	元/千瓦时	0.48	0.53	0.78
河北	千瓦时	0～180	180～280	280以上
	元/千瓦时	0.52	0.57	0.82
河南	千瓦时	0～180	180～260	260以上
	元/千瓦时	0.56	0.61	0.86
山东	千瓦时	0～210	210～400	400以上
	元/千瓦时	0.55	0.60	0.85

资料来源：《北京市发展和改革委员会关于北京市居民生活用电试行阶梯电价的通知》（京发改[2012]

① 资料来源：《中国统计年鉴2012》。

831号）、《河北省居民生活用电试行阶梯电价实施方案》（冀价管「2012」48号）、《河南省发展和改革委员会关于河南省居民生活用电试行阶梯电价的通知》（豫发改价管［2012］808号）、《山东省物价局关于居民生活用电试行阶梯电价的通知》（鲁价格发［2012］70号）。

表10 北京与外来人口主要输出地三省天然气价格比较

地　区	民用管道天然气价格　（元/立方米）	
北　京	2.05	
石家庄	2.4	
青　岛	2.4	
郑　州	月50立方米以下	2.25
	月50立方米以上	2.93

资料来源：北京市发展和改革委关于调整我市民用天然气销售价格的通知发（京发改[2007]573号）、关于调整市区民用管道天然气价格的通知（石价［2010］139号）、山东省青岛市物价局关于规范市内四区管道天然气价格等有关问题的通知发（青价格[2007]277号）、河南省发展和改革委员会关于我省管道天然气价格有关问题的通知（豫发改价管［2011］2200号）。

北京地铁全线统一票价2元，公共汽车0.4元每人次，为全国最低，并远低于上海、广州等特大城市。而事实上较低的生活成本的代价是由政府为其亏损“买单”：2011年北京对地面交通和轨道交通补贴156.9亿元[①]（包括占交通运输财政支出89.8%[②]的90.7亿元和66.2亿的其他科目投入），是2011年北京市公共财政预算支出1422.9亿元的11%。

三是外来人口租房成本低。北京虽然房价在全国领先，但在北京城市功能拓展区、城市发展新区的城乡结合部，农民出租屋、地下室租金约为250～600元/月，按北京建筑业农民工1500～2500元/月的收入[③]计算，农民工租房收入约占月收入的15%～25%。出租屋和地下室的租房价格，远低于同地段的商品房租房价格，如朝阳区定福庄常营乡出租屋价格约为400元/月左右，而同期同区定福庄定福

① 资料来源：北京市财政局《关于北京市2011年市级决算的报告》。

② 资料由《北京统计年鉴2011》整理得出。

③ 资料来源：《工人日报》2010年《京城建筑业农民工调查报告》。

家园成套商品房租金约为4500元左右，出租屋租金价格不到商品房租金价格的1/10。也正因如此，居住在城市功能拓展区和城市发展新区的北京常住外来人口占比分别为53.9%和34.7%。

很多北京人认为，北京的生活成本已经十分难以忍受。这是相对于房价和中高档商品价格而言。可是对于进入北京的外来农村人口来说，这样的生活成本应该是完全可以忍受的。他们只需要解决自己的基本生活需求就可以轻松地在北京生活下来，因为他们要比较的是家乡农村的收入水平，而不是北京市民或者是白领的收入水平，他们想的不是攀比，而是如何得到较好的一份收入回家。

综上所述，影响北京外来人口增长的就业、收入增长以及生活成本等因素，都在发挥着积极的作用。这些因素如果不发生根本的变化，北京人口增长的形势仍然是无法逆转的。

四、影响人口进入北京的经济社会条件分析[①]

（一）经济发展、就业机会和收入水平

1. 北京经济远高于全国平均水平的态势将继续保持

从国际经验看，发达国家首都区（或发展水平最高的地区）人均GDP水平大致为全国水平的2倍（2000年前后数据），东京为1.82倍，伦敦（包括内伦敦和外伦敦）为1.5倍，巴黎约为1.5倍，德国人均GDP水平最高的汉堡地区为全国平均水平的1.6倍；巴西里约热内卢和印度新德里情况有所不同，分别为全国平均水平的1.38倍和2.5倍[②]。

---

① 本报告第四至第六部分，所用资料如非特别注明，全国层面和各省区资料来源于相关年份的《中国统计年鉴》，北京市资料来源于相关年份的《北京统计年鉴》。2011年全国资料来源于统计公报。

② 资料来源：巴西、印度资料分别根据http：//www.ibge.gov.br/及http：//mospi.nic.in/整理，为2005年资料；其他国家资料来源于http：//www.demographia.com/，为2000年前后资料。

2000～2010 年，北京经济总量占全国的比重由 2000 年的 2.81% 提高到 2010 年的 3.47%。2000 年北京人均 GDP 是全国平均水平的 2.62 倍，到 2010 年降低为 2.5 倍。随着经济发展水平提高，区域均衡发展是总体趋势，人均 GDP 水平与全国平均水平不断缩小。发达国家最发达地区人均 GDP 基本不超过全国平均水平的 2 倍，而北京与全国平均水平仍有 2.5 倍的差距，客观上还将长期处于吸纳外来人口进入的时期。

2. 就业机会多和收入水平高的吸引力继续扩大

北京是全国城镇登记失业率最低的地区；北京城镇居民收入与全国城镇居民收入的绝对差在逐年扩大。

北京投资对就业的带动高于全国水平的趋势在扩大。2007 年以来，北京固定资产投资对就业的带动均高于全国水平[①]，这也是北京吸引人口快速膨胀的重要原因。2007 年北京万元固定资产投资创造的新增就业略高于全国水平，到 2011 年已是全国的 2 倍。未来，随着北京产业结构的进一步调整，以三产为主的产业结构，其就业带动能力更强。高投资就业能力使北京成为城镇登记失业率最低的地区，例如，2009 年和 2010 年，登记失业率仅为 1.4%，仅是登记失业率第二低的海南省（3%）的一半，约为全国城镇登记失业率（4.1%）的 1/3。

表 11　2005～2011 年北京与全国城镇固定资产投资、新增就业对比

年份	城镇新增就业（万人）		城镇固定资产投资（亿元）		固定资产投资就业弹性（人/亿元）	
	北京	全国	北京	全国	北京	全国
2005	31.50	970	2595	75095	121.4	129.2
2006	34.39	1184	3086	93369	111.4	126.8
2007	40.71	1204	3657	117464	111.3	102.5
2008	41.97	1000	3555	148738	118.1	67.2

① 单位城镇固定资产投资创造的新增就业岗位。

续表

年份	城镇新增就业（万人）		城镇固定资产投资（亿元）		固定资产投资就业弹性（人/亿元）	
	北京	全国	北京	全国	北京	全国
2009	42.44	1102	4378	193920	96.9	56.8
2010	44.64	1168	5003	241431	89.2	48.4
2011	44.69	1221	5464	301933	81.8	40.4

资料来源：《中国统计年鉴 2011》，2011 年资料为统计公报数。

北京城镇居民可支配收入与全国平均水平的绝对差在扩大。2005 年北京城镇居民比全国平均水平高 7160 元，到 2011 年已扩大为 11093 元。期间，虽然相对差在缩小，但绝对数持续扩大（表 12）。

表 12　2005 ~ 2011 年北京市与全国城镇居民可支配收入差值（元）

年份	北京城镇居民可支配收入	全国城镇居民可支配收入	差值
2005	17653	10493	7160
2006	19978	11760	8219
2007	21989	13786	8203
2008	24725	15781	8944
2009	26738	17175	9563
2010	29073	19109	9964
2011	32903	21810	11093

资料来源：《北京统计年鉴 2012》《中国统计年鉴》。

（二）行政调动资源能力及对投资的吸引力

1. 北京可动用行政手段保障资源供应

北京作为首都，具有无与伦比的行政调动资源的能力，在农产品、水、能源等方面，北京都在全国范围内优先予以保障，保水、保电、保气、保农副产品等应急措施趋于常态。例如，近几年每年从周边区域调入 2 亿立方米的应急用水，每年用电高峰期对北京周边限电等。在行政调动各类资源能力的背后，也包含了对北京的价格补贴，在以国家财政投入为主实施的调水工程中，作为受益者，北京仍能享受低水价。

2. 北京吸引投资能力较强

以2010年全国各地区固定资产投资来源看，以银行贷款和其他资金占比等代表地区对资金吸引能力的指标看，北京固定资产投资中，来自银行贷款和其他资金的比例都是位居全国前列，分别占26%和33%，约是全国平均水平的2倍（表13）。从工业投资情况看，虽然北京产业结构调整仍将继续推进，但其对工业投资仍有强大的吸引力。例如，2008年前，适应奥运会以及产业结构调整的要求，北京主动外迁工业，二产投资大幅下降，并出现负增长。奥运会后，北京二产投资猛增，2010年增幅达到28%，高于全国的22%，到2011年，更是达到44%，比全国平均水平高出30%。在目前的体制下，只要北京放开口子，提供用地支持，不管对三产资金还是二产资金，都具有强大的吸引力。而北京的高投资，从其就业弹性看，必将创造更多的就业机会，吸引更多的人口进入。

表13　　固定资产投资来源于其他资金和国内贷款的比重

地　区	其他资金（%）	国内贷款（%）
全　国	15.10	15.20
北　京	33.09	26.32
天　津	14.99	24.37
河　北	9.64	13.06
山　西	12.44	14.94
内蒙古	4.45	12.02
辽　宁	9.74	14.86
吉　林	6.78	5.99
黑龙江	10.51	7.43
上　海	21.26	23.39

续表

地　区	其他资金（%）	国内贷款（%）
江　苏	18.03	12.27
浙　江	23.40	16.46
安　徽	13.90	9.73
福　建	16.13	16.95
江　西	10.04	10.66
山　东	11.79	11.28
河　南	10.10	9.29
湖　北	12.08	15.07
湖　南	13.57	13.54
广　东	20.60	16.79
广　西	16.36	14.09
海　南	31.98	27.46
重　庆	24.47	20.27
四　川	17.14	16.14
贵　州	17.03	24.62
云　南	17.42	21.95
西　藏	5.10	1.91
陕　西	13.73	11.56
甘　肃	11.36	15.74
青　海	16.80	17.17
宁　夏	16.60	28.42
新　疆	15.94	14.52

资料来源：《中国统计年鉴 2011》。

（三）高房价和交通拥堵并未实质性地阻碍人口进入

1. 北京高房价不影响外来人口进入

从居民收入水平与住房价格对比上，北京房价确实较高；从 2010 年以来几个季度全国35个大中城市住房支付能力指数看[①]，北京住房支付能力是最弱的。但是，北京所特有的要素集聚能力以及核心区高度集中的优质公共服务资源等是高房价的主要原因。

住房价格实际上是公共服务水平及住房稀缺性等因素的综合反应。首先，在现行的行政管理体制下，北京在调动资源方面具有无可比拟的优势，北京城区内优质的教育和医疗等公共资源也表明了这一点，良好的公共服务水平是住房价格的重要支撑。其次，北京严格控制的土地增量供给。北京人口增长要显著快于住房用地供应量的增长，进一步加剧了住房供给的稀缺性，也是导致房价上涨的重要原因。在现行土地规划以及供应体系下，土地供给极其有限，根据《北京市土地利用总体规划（2006—2020年）》，15年间北京城乡建设用地新增量只有300平方公里，仅增加12.5%，而2006～2011年的5年内北京已新增人口400万，增幅达到25%，远远高于土地供给的增长速度。

高收入人口的进入抬高了北京的房价。随着经济发展水平的提升，高收入人口的规模在不断扩大，收入水平不断提高。北京又集聚了大量的优质公共服务资源，对高收入群体具有巨大吸引力，这类人口对北京住房的需求意愿推高了北京的房价。而香港的房价是北京的几倍，也是大陆高收入人口进入而推高的。北京与香港相比，因行政边界开放，对内地高收入人口的吸引力更强。

高房价影响的主要是中高收入阶层。由于北京优质的公共服务条件和开放性的行政空间，对外来中高收入人口的吸引力，特别是高收入人口的吸引力会长期持续。高房价主要是针对北京市稀缺的公共资源，可以通过市场的价值攀升，达到提高资源利用效率的作用。并对于增强政府公共财力，解决基础设施建设资金，增加公共服务供给等发挥着至关重要的作用。对于当前北京市社会对高房价不满，并归结为外来人口的增长，显然忽视了一个重要前提，就是市场对资源配置所发

① 参见中国社科院：《住房绿皮书：中国住房发展报告（2010—2011）》，社会科学文献出版社，2011年版。

挥的重要作用。解决高房价问题应改变住房供应结构，而不是采取行政措施限价，更不能对外来人口实行限购。

外来人口和中低收入人口的住房供给主要依赖于保障房和出租房。包括外来常住人口在内的广大中低收入阶层，其住房问题的解决渠道主要是通过保障房和出租房。北京目前的住房供应结构偏重于商品房①，忽视了保障房建设。实际上应该通过调整住房供应结构，建设保障房和对中低收入人口提供住房补贴，来解决广大中低收入人口的居住条件改善问题，这也是国际大城市通用的方式；再有就是大量的外来人口实际住在城乡结合部的农村出租房。

限购政策通过影响投资而影响到了外来人口的增长。近几年北京人口增长的实际情况说明，房价上涨并没有影响到外来人口的进入，而限购政策的实施却起到减少外来人口的效果。从 2010 年实行限购政策以来，北京常住人口较上年增长的数量从 90.5 万人下降到 37.5 万人，说明限购影响到北京市房地产的投资，也影响到土地出让金的收入和基础设施的投资，进而影响到外来人口的减少。

2. 交通及对人口进入的影响分析

北京交通拥堵的确较为严重，但这不应成为排斥外来人口进入的理由。认为交通拥堵是属于严重“城市病”的观点，实际是从相对富裕阶层的角度理解和认识的“城市病”。

①人口、汽车增长与交通基础设施不匹配。人口和汽车，特别是汽车在短期内的快速增长与道路等基础设施供给的增长速度不匹配，是造成交通拥堵的重要原因。1995 ~ 2011 年，特别是 2000 ~ 2011 年，是北京经济社会快速发展的时期，也是人口快速集聚的时期。1995 ~ 2011 年，北京市人均 GDP 由 12690 元增加到 81658 元，换算成美元，超过 12643 美元，已经超

① 商品房比重过大，保障性住房比重小，例如，1998 ~ 2006年，北京经济适用房占新增房屋比重在8% ~ 15%，2006年后，在加大保障房供应的情况下，也不足20%。

过高收入国家的人均 GDP 的标准线。与经济发展水平快速增长伴随的，还有汽车的爆炸式增加，2001 ~ 2011 年，北京机动车保有量由 170 万辆增加到 498 万辆，几乎净增 2 倍。但是，2001 ~ 2011 年，北京城市道路里程仅由 4312 公里增加到 6258 公里，增长幅度不到 50%（图 16）。城市道路的增长速度显然无法跟上人口和汽车增长的速度，由此也产生了严重的交通拥堵问题。

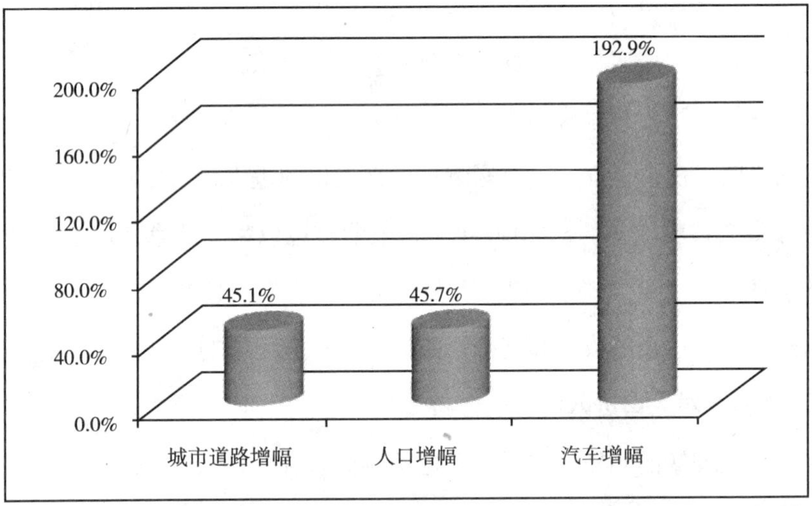

图 16　2001~2011 年北京城市道路、人口和汽车增长幅度

②人口在短期内的快速增长，加大了交通问题解决的难度。浓缩式的人口和汽车增长，加大了快速城市化进程中北京交通问题的解决难度。伴随着人口增长，北京城市公共交通基础设施建设快速推进，但是通过短期既要解决设施建设，又要解决人才队伍建设和管理水平提升等诸多方面的问题，难度可想而知。以轨道交通为例，2001 年以来，北京市轨道交通运营里程由约 55 公里增加到目前的 420 公里。而伦敦、纽约、巴黎等发达国家城市，都是用上百年的时间发展轨道交通，逐步解决交通问题。伦敦地铁用了 147 年达到总线路 408 公里，纽约地铁

历经106年总线路长达370公里，巴黎地铁用110年达到了215公里①。发达国家城市用上百年的时间逐步解决的城市交通问题，要求北京在10多年内解决，难度自不待言。

较大的投资是解决交通等问题的现实压力。预计到2020年，北京轨道交通将增加到1000公里，仅年均建设支出就占目前财政预算收入的10%。2011年，北京预算内财政收入约3000亿元，全年完成基础设施投资1400.2亿元，其中最为重要的投入方向就是交通运输。交通运输投资680.7亿元，占基础设施投资量的48.6%。如果到2020年北京轨道交通达到1000公里，则仍需新建超过600公里。据估计，目前每公里地铁造价包括征地成本等在5亿~10亿元不等，即使按照5亿元的标准计算，要完成600公里的地铁建设需要的资金量就高达3000亿元以上。另外，在运营方面，在目前的里程下，北京每年仅在公交和地铁上的补贴就超过100亿元②。

参照发达国家的现状，使短期问题进一步放大。在总体发展水平和人们收入水平提高后，人们的需求（或要求）也变得更高，对北京城市运行问题的对比也通常以现行发达国家的城市为标准，如伦敦、纽约、东京、巴黎等。在浓缩式的发展历程中，也使人们产生了巨大的社会心理压力，这种压力下产生的情绪也容易转移到政府公共服务和管理方面，并要求对诸如城市交通等问题予以“瞬间”解决。向发达国家攀比并作为参照系，要求北京在十几年内解决发达国家城市上百年才能解决的问题，是当前对北京“城市病”不满的集中体现。这种“城市病”的认定，并不能代表北京广大中低收入者和外来人口的实际需求。

---

① 地铁人才荒，《财经》，2012年第26期。

② 根据北京市已建地铁里程和投资额度综合计算。

五、影响北京人口增长的自然资源条件分析

（一）水资源条件

1. 北京水资源总供给量分析

北京水资源来源于三个方面：本地水资源、再生水利用、外地调入水资源。合计水资源量超过55.4亿立方米。

①本地水资源。本地水资源总量取多年平均水量和近10年干旱周期的平均量的中间值，约为33.4亿立方米。

北京多年平均水资源量和过境水资源量分别为37亿立方米和4.7亿立方米，总量为41.7亿立方米。2001～2011年，这10多年来的干旱周期内，北京实际本地水资源量和过境水资源总量平均约为25亿立方米。

②再生水利用。再生水用量可达到10亿立方米。2011年，北京再生水利用量为7亿立方米，污水处理率为82%，再生水利用率为60%。借鉴国际经验，到2020年，如果北京污水处理率提高到90%，再生水利用率由60%提高到75%[①]，则可供给水资源量可超过10亿立方米。

③跨区域调水。跨区域调水主要包括南水北调。根据规划，到2020年，南水北调供水量达到12亿立方米。海水淡化也有引入北京的可能性，但在海水淡化后盐分尚不能有效处理利用的情况下，仍不能大规模进行；海水淡化入京水量可作为预期、但不确定的弹性供给量。

2. 水资源总用量分析

2000～2011年，北京水资源总用量大致在35亿～40亿立方米，呈现先降

① 新加坡为70%～80%，以色列等缺水国家为100%。《再生水五年千亿市场前景 从规划到产业化道路坎坷》，《中国证券报》，2012年5月25日。

后增的趋势。从用水结构上看，生态和生活用水增加，工业和农业用水下降。

①总用水量及各类用水的历史变化。从总用量上看，2000～2011年，北京水资源总用量由40.6亿立方米下降到2006年的34.3亿立方米，之后又呈现逐步增加的态势，到2011年，北京水资源总用量达到36亿立方米。人均水资源量由294立方米下降到178立方米（图18）。

从用水结构上看，生活用水和环境用水呈现稳步增加的态势，工农业用水则逐年下降。2001～2011年，农业和工业用水分别由17.4亿立方米和9.2亿立方米下降到10.9亿立方米和5亿立方米，占比相应地由44.7%和23.6%下降到30.3%和13.9%；生活用水和环境用水则分别由12亿立方米和0.3亿立方米增加到15.6亿立方米和4.5亿立方米，占比则由30.8%和0.77%增加到43.3%和12.4%（图17）。

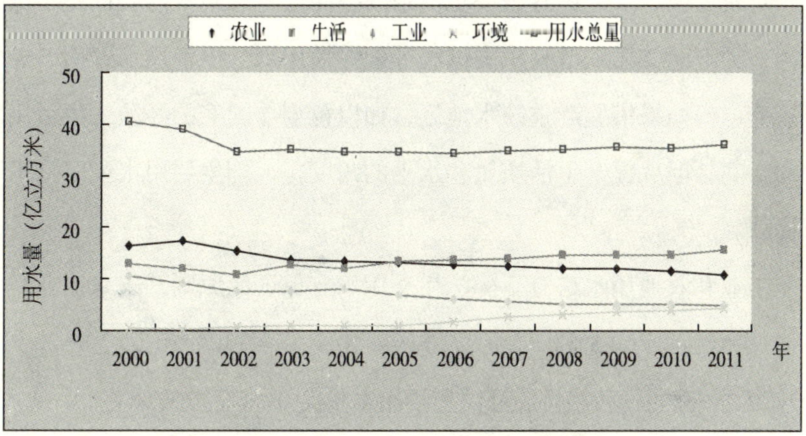

图17　2000～2011年北京水资源总用量及结构

资料来源：《北京统计年鉴》和北京市水资源公报。

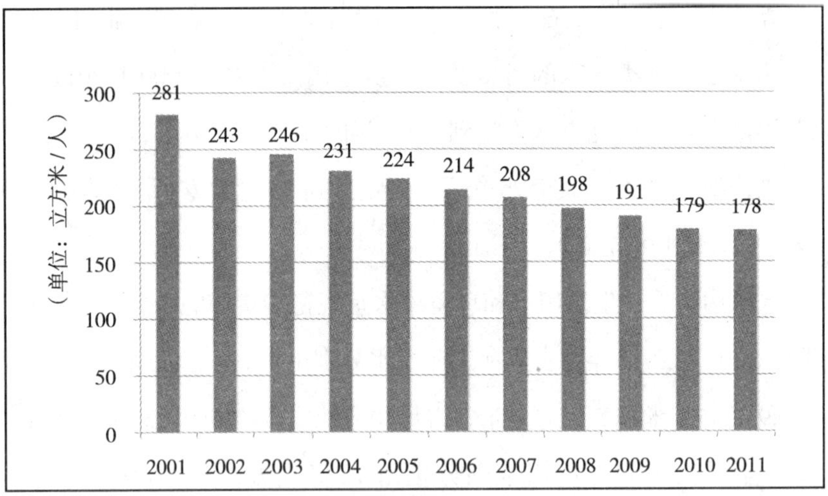

图 18　2001 ~ 2011 年北京市人均年用水量变动图

②各类用水未来用量分析。根据北京产业结构和用水结构分析，工农业用水量已经相对较为稳定，但仍有进一步节水的空间。生态用水需要进一步增加，但也有可调整的空间，尤其是高尔夫球场等奢侈性用水。生活用水方面，近年来呈现下降趋势，但如果借鉴严重缺水地区，如以色列等国家的经验，生活用水仍有可节约的空间；但从提升生活质量和水平的角度，人均生活用水可以基本稳定甚至有所提高。

按照工业和农业用水略有下降、生态用水有保证的原则，未来工业、农业和生态三类用水分别为 4.5 亿 ~ 5 亿立方米、10 亿立方米和 10 亿立方米，三类用水量合计为 25 亿立方米，剩余可供生活用水量为 30.4 亿立方米。

工农业用水量相对稳定。预计总用量分别为 5 亿和 10 亿立方米。借鉴国际城市的经验，北京产业结构仍有一定的调整空间，二产比重有望进一步调整到 20% 以内。根据 2001 ~ 2011 年二产变动与用水量的对比，工业用水仍有一定的调整空间。2001 ~ 2011 年间，工业用水与二产比重变化的弹性达到 0.54 亿立方米，但 2008 年以来，该弹性已经下降到 0.3 亿立方米以内，并且工业用水基本稳定在5亿立方米。总体上，未来产业结构调整中，工业节水的空间已经相对较小。按20%的二产比重算，在没有重大技术变革的情况下，节水量预计在0.5亿立方米以内，工业用水总量约4.5亿~5亿立方米。农业用水如果按发达国家使用效率计算，仍有10%左右的节约空间，据此，农业用水有望控制在10亿立方米以内。

生态用水需考虑补偿，有望达到10亿立方米。近年来，在本地水资源持续低于多年平均水平、地下水超采较为严重、生态环境条件有所恶化的情况下，生态用水日益受到重视。但是，对于生态用水的总用量，相关规划给出的数据相差悬殊。例如，根据本世纪初相关机构完成的《首都水资源规划》，2005年后，生态用水总量每年就要达到15亿立方米以上，这也是规划中最高的数据。显然，该数据偏高，北京市水资源“十二五”规划提出，到2015年，生态用水达到5.3亿立方米，年均增长约0.3亿立方米。然而，2011年北京实际生态用水已经达到4.5亿立方米。需要说明的是，这4.5亿立方米的生态用水中，除河湖补给、城镇绿化、公园绿地维护以外，还包含了高达0.4亿~0.5亿立方米的高尔夫球场用水（北京目前高尔夫球场数目约为60~70个）[①]。如果此类用水得到有效限制，至少可以节约0.3亿立方米以上的水资源。但由于生态环境用水属于补偿性用水，鉴于北京多年来的地下水超采问题，生态环境用水在工业、农业和生活用水节约利用后得到满足的情况下，应予以重点保障。假如取水资源“十二五”规划和《首都水资源规划》要求的生态用水的平均数，生态环境用水应达到10亿立方米。

生活用水需结合用水结构分析，借鉴国际经验，其可变化的范围最低达到69立方米/人，最高应控制在90立方米/人。2001~2011年，北京年人均生活用水最低值为76.9立方米，最高为90.3立方米，平均约为85立方米（图19）。

① 资料来源：《中国环境发展报告（2012）》。

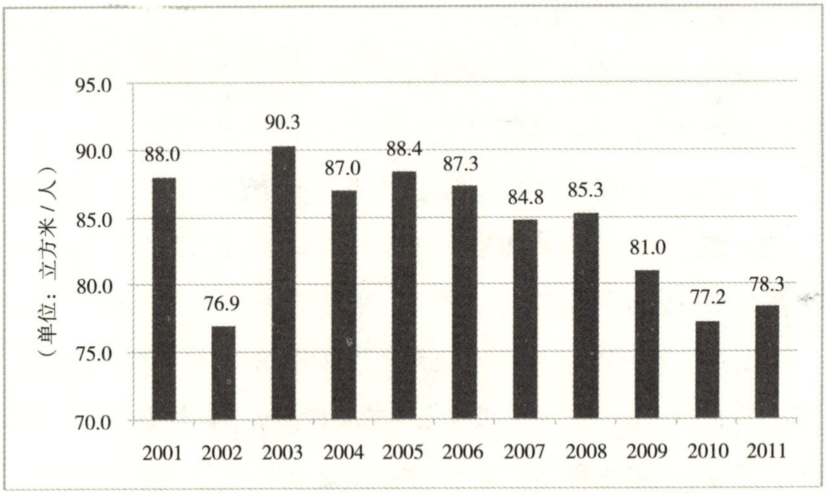

图 19　2001 ~ 2011 年北京市人均生活用水量变动图

对比严重缺水国家以色列的经验，通过大力加强节约用水和科学用水技术，严格实行超量附加水费和高量更高附加费等措施，使城市人均生活用水量降低到 69 立方米 / 人。就北京的情况，假定未来人口增长的情况下，用水方面不以牺牲舒适性为代价，将人均标准确定为 85 立方米或 90 立方米。

价格手段可调整的空间。另外，从北京水价与人均用水量的变化，以及北京居民用水支出与家庭收入对比情况看，通过价格变化，仍可实现人均用水量有所下降（图 20）。对于居民用水支出占居民可支配收入的比重的合理水平，一种观点认为在 0.5% ~ 0.9% 较为合理，一种则认为 2% ~ 3% 合理。对比国际经验，前者较符合实际情况[①]，例如，纽约、伦敦、巴黎、东京，基本在 0.5% ~ 0.8%；巴黎最高，为 0.8%；东京最低，仅为 0.3%[②]。北京居民水费支出占可支配收入的比重大体在 0.4% ~ 0.8% 的水平，总体上还比较低。另据研究，当家庭水费支出占总收入的比重在 1% 以内时，难以使居民注意节约用水；达到 2% 以

① 《南水北调工程水价分析研究简介》http：//www.ce.cn/xwzx/shgj/gdxw/200611/27/t20061127_9599131.shtml。

② 杨胜利等：《世界城市与北京市的水务发展指标比较研究》，《北京水务》，2011年第4期。

上时，方可引起居民对节水的注意；达到 2.5% 时，会产生严重的影响。如果要达到居民可支配收入的 2%，从平均水平上说，北京水价则要达到 10 ~ 15 元 / 立方米。近年来北京水价变化和用水量的情况表明，水价变化仅在变化期初对总体节约用水产生影响。在目前价格水平下，价格调整对于节水只具有短期效应，而非长期效应，等居民“适应”调整价格后，用水量又有所上升。

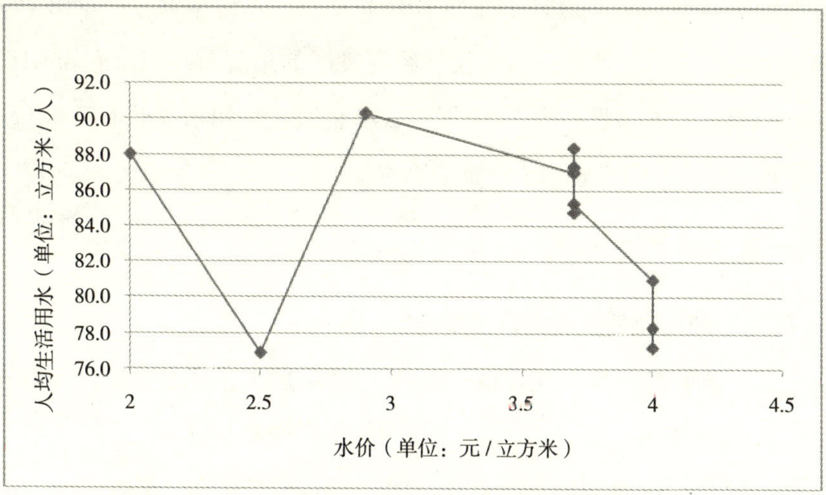

图 20　2001 ~ 2011 年各年人均生活用水量与当年水价关系图

3. 水资源理论承载力总体判断

可用生活水资源量是决定北京水资源理论承载力的关键。通过以上分析，在扣除工业、农业和生态用水后，乐观估计北京可用生活水资源总量为 30.4 亿立方米。如果按照 85 立方米 / 人的标准，北京水资源的理论承载能力也可达到 3500 万人。

在此，需要说明的是，如果仅从人均水资源量上看，北京属于重度缺水的城市。但对城市而言，水资源承载力不能简单套用水资源平均量标准。北京多年平均水资源总量为 37.39 亿立方米，但近 10 年来，北京每年实际水资源总量多数低于 30 亿立方米，如 2011 年为 26.81 亿立方米。到 2011 年，人均水资源拥有量仅为 132.8 立方米，即使按照多年平均量计算，人均水资源拥有量也仅为 185 立方米。既低于通常认为的维持可持续发展的最低标准（人均 300 立方米），更大大低于人均 1000 立方米的国际水紧缺警戒线[①]。但城市作为一个开放系统，其产业结构和用水结构显然不同于封闭区域。城市产业结构调整的空间和资源利用效率决定了水资源的承载能力。2000 ~ 2011 年，北京在总用水量没有显著增加的情况下，人口由 1357.8 万人增加到 2018.6 万人。人均水资源用量由 294 立方米下降到 178 立方米。期间，如果仅从经济发展的角度看，北京人均 GDP 水平由 2000 年全国的 2.6 倍提高到 2008 年的 2.78 倍。人均用水量的下降和水资源总量的约束并未对北京的发展造成严重的影响。

（二）土地资源条件

1. 可用土地资源总量及人口密度分析

①可用土地资源总量。北京市土地总面积为 1.67 万平方公里，可以开发建设的面积约 9400 平方公里。

其中，平原地区面积约 6400 平方公里，其他为山区。在山区中，海拔在 100 ~ 300 米的浅山区面积为 2000 多平方公里；山区之中的山间谷地坡度小于 10 度的可开发的面积约 1000 平方公里，主要以延庆县等为主（表 14、图 21）。

表 14 北京各海拔高度面积

	海拔高度	面积
平　原	0 ~ 50m	5044.5
	50 ~ 100m	1407.0
浅山区	100 ~ 300m	2311.1
平原和浅山区	300m 以下合计	8762.6
山　区	300m 以上	7942.4

① 相关标准和资料来源：《北京市城市总体规划（2004—2020）》《北京统计年鉴》。

续表

	海拔高度	面积
山区适宜开发土地	300m 以上坡度小于 10 度	1061.5

注：该资料根据北京 1：5 万遥感图分析得到，下图同。

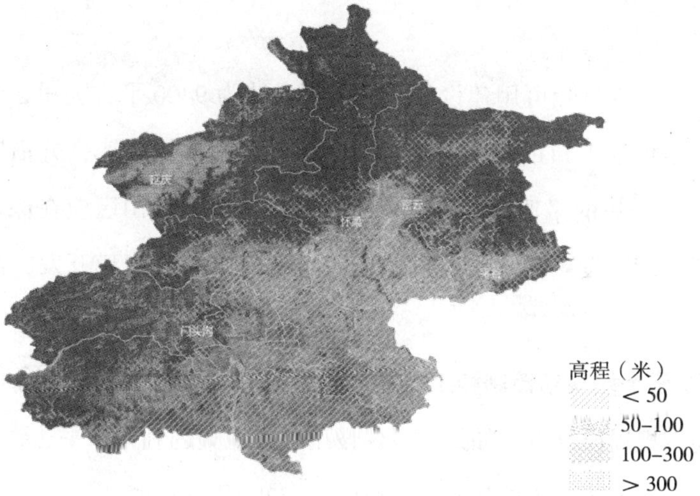

图 21　北京不同海拔高度土地面积分布图

②平原、浅山、山区人口现状及开发潜力。目前，平原、浅山、山区人口分别约为 1700 万、200 万和 100 万人。根据北京人口分布情况的概略估计，平原区 6400 平方公里的范围内，总人口约为 1700 万人，人口密度约 2656 人 / 平方公里，是浅山区的 3 倍以上；浅山区和山区总人口约为 300 万人，其中，浅山区预计为 200 万人，山区约为 100 万人①。

从开发潜力上看，平原区人口密度仍有较大的提升空间；山区因其生态脆弱

① 根据《北京市山区低效生态公益林改造规划（2011—2020）》，2010年，北京山区总人口为292万。http：//www.bjyl.gov.cn/ztxx/sewghzt/sewzxgh/201202/t20120210_102574.html。浅山区和山区人口根据北京区县山地面积、总人口以及城镇率等数据推测。

性，不宜大规模开发；对于浅山区，则可以适度进行保护性开发。浅山区就其发展的行业看，以林果、旅游和房地产业为主，特别是房地产开发，浅山区具有较为广阔的需求市场和一定的发展潜力：在浅山区可以鼓励发展低密度住宅，良好的生态环境和低密度，对富裕阶层具有吸引力。在保护生态环境的前提下，在浅山区适度发展低密度住宅，既可以提高浅山区土地开发价值，又能释放出大量的消费需求。

总之，北京实际可用建设用地总面积大约为9400平方公里，平原、浅山等都有进一步增加人口的潜力。结合北京建设用地利用效率，并借鉴国际经验，6400多平方公里的平原区土地利用仍有较大潜力；浅山区应在保护环境的前提下，进行适度开发；海拔较高的山间谷地地区不宜大规模开发，需要进行适度控制。

2. 基于土地规划控制和土地集约利用水平提高基础上的土地承载力

在现行规划控制下，如果城乡建设用地土地集约利用水平达到现有城镇的水平，理论上的土地资源承载力为3000万~3200万人。

2010年，北京市全部城镇建成区（包括中心城区、新城和建制镇）总规模估计在1350~1400平方公里，城镇人口约1700万[①]，人口密度约为1.2万/平方公里。根据《北京土地利用总体规划（2006—2020）》，到2020年，北京建设用地总量增加到3817平方公里，其中，城乡建设用地总量由2010年的2520平方公里增加到2700平方公里。

对于2700平方公里的城乡建设用地，通过提高土地利用效率，提升集约利用水平的办法，假定都可以达到目前平均城镇用地人口密度水平，即1.2万/平方公里，则北京规划建设用地的承载力能够达到3240万人；即使按照新增以及

① 建成区面积根据网络搜索数据，并结合北京市土地利用总体规划推测。根据北京市土地利用总体规划，到2010年，城镇工矿用地1685平方公里。《六普》数据表明，北京农村人口在250万左右，城镇人口约1700万。

存量的1300平方公里城镇和乡村建设用地（2700平方公里规划用地减去1400平方公里的城镇建成区）进行挖潜，人口密度按1万/平方公里计算（国土资源部新城建设的人口密度标准），北京规划建设用地的最大承载力也可达到3000万人。

3. 基于适宜性和国际经验比较的北京人口承载力

按各部分可开发土地的承载力，并对比国际城市区人口密度，北京土地资源人口承载力的理论值达到3300万人。

根据以上对北京土地资源构成分析，分为平原、浅山和山区计算理论承载力（不考虑土地规划有关基本农田等内容）。

第一，平原区承载力。根据国际经验计算，从纯粹自然角度并结合国家大都市区人口密度经验，北京市仅平原地区土地资源的人口容量就可达到3000万。计算方法如下：北京平原区面积约6400平方公里，考虑到中国城市行政区属于城市带乡村的范畴，以国外都市连绵区人口密度作为比照标准。国外都市连绵区内，人口密度大约在5000人/平方公里。例如，东京都市圈50公里圈层内总面积6799平方公里，人口约3150万，人口密度约4633人/平方公里。伦敦（包含内伦敦和外伦敦），总面积1579平方公里，人口约756万，人口密度约4780人/平方公里。按伦敦4700人/平方公里的标准估算，北京平原地区可承载的人口容量也可达到3000万人。

第二，浅山区承载力。目前，北京浅山区总面积为2300多平方公里，人口约200万人。在适度进行低密度住宅开发的情况下，仍有望增加30万人（根据2006年北京山区协调发展规划，区域内废弃建设用地就达到80平方公里，如果这些废弃建设用地得到利用，区域内开发密度按照平原区和浅山区人口密度比值计算（3：1），则80平方公里范围内，可容纳约30万人）浅山区承载人口可达到230万人。

第三，山区承载力。目前山区人口约 100 万，较适合居住和开发的总面积约 1000 平方公里。从生态保护的角度，这些区域也不宜高强度开发，以维持现有人口规模和开发密度为宜，人口保持在 100 万人。

综合平原区、浅山区和山区三部分，北京土地资源人口承载力预计达到 3300 万人。

六、人口增长趋势总体判断

（一）按现有趋势变化下的人口增长分析

1. 人口总量分析

①常规增长趋势下的北京人口总量分析。常规增长趋势下，将人口增长分为户籍人口增长、外来人口增长和常住人口增长三类，其中都包含了人口自然增长和机械增长的因素。

户籍人口的增长趋势。按照 1996 ~ 2011 年的数据计算，户籍人口年均增长 13.3 万人，按此趋势，到 2020 年，北京户籍人口将增加 120 万人。如果按照 2000 ~ 2011 年户籍人口增长的幅度计算，户籍人口共增加 170 万人，年均增加约 15.5 万人，到 2020 年北京市户籍人口可增加约 139 万人。

外来人口的增长速度趋势。1996 ~ 2011 年外来人口年均增长 37.4 万人，外来人口的增长显著快于户籍人口的增长速度（图 22）。按此速度，到 2020 年，外来人口可增加约 336 万人。如果按照 2000 ~ 2011 年外来人口年均增长 44.2 万人的增长趋势，到 2020 年北京市外来人口可增加约 398 万人。如果按照 2006 ~ 2011 年的外来人口年均增长 67.8 万人的增长趋势，到 2020 年北京市外来人口可增加约 610 万人。

北京市常住人口的增长趋势。取低限，按照 1996 ~ 2011 年的人口增长趋势分析，平均每年增长 50.6 万人，到 2020 年北京市总人口可达到 2474 万人。取中限，按照 2000 ~ 2011 年的年均增长 59.5 万人的增长趋势，到 2020 年北京市总人口将达到 2554.5 万人。如果取高限，按照 2006 ~ 2011 年的人口增长趋势，按年均增长 83.5 万人来计算，到 2020 年，北京市总人口将会达到 2770.3 万人。

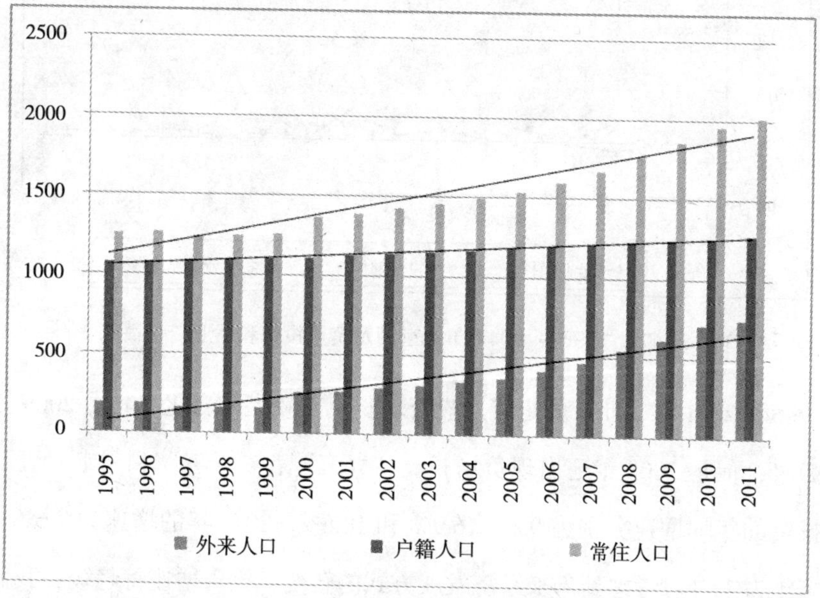

图 22　1995 ~ 2011 年北京各类人口变化情况

②基于投资、就业对人口增长影响的多方案预测。投资是衡量经济社会发展的综合性指标。投资增长以及由此带来的新增就业岗位的增加，是吸引人口增长最直接的原因。

以 1996 ~ 2011 年的北京固定资产投资和城镇就业增加的数据进行分析。如图 23 所示，从固定投资就业弹性来看，不同年份间的投资就业弹性变化较大，并无明显规律可循。但是，如果放在一个较长时间段，那么投资就业弹性平均值还是比较接近的，1996 ~ 2011 年的平均值为 0.29，2000 ~ 2011 年的平均值为

0.4，2005 ~ 2011年的平均值为0.31。近几年，北京投资就业弹性呈现增长趋势，但是从长期来看，考虑到边际效益递减等因素，我们以投资就业弹性为0.3进行测算。

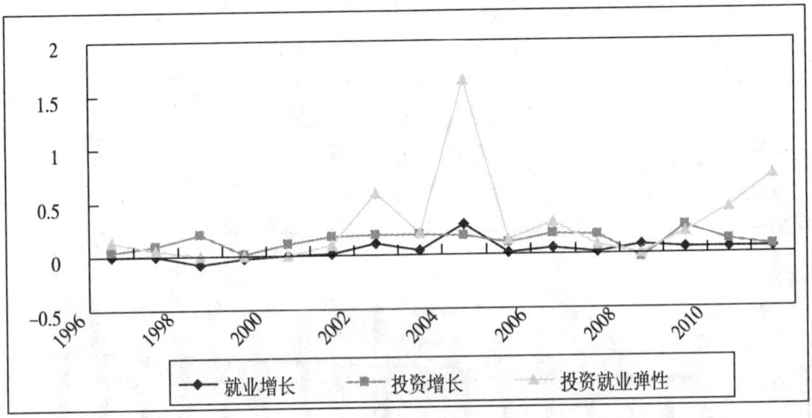

图23　1996 ~ 2011年北京固定资产投资和就业变化情况[①]

1996 ~ 2011年，北京固定资产投资增长也有较大的变化，其中2009年增长高达26%，但是2008年还出现负增长。“九五”、“十五”和“十一五”固定资产投资的年均增速分别为9%、16.9%和14.6%，2011年的增速为7.6%，2012年上半年为11%。考虑到未来经济发展方式的转变，投资增速将趋缓，我们分别设定固定资产年均增速为14%、10%、8%和6%进行测算。

就业总量和北京人口的转化，如图24所示，自2005年以来，北京就业人员总量占总人口的比重基本保持稳定，2005年北京就业人员总量占总人口的比重为45.7%，2010年为46.1%，2011年比重略微提高为47.3%。以下我们以2011年的47.3%进行测算。

---

① 为了方便视图和分析，我们将投资就业弹性为负的三年的数据，以0替代。

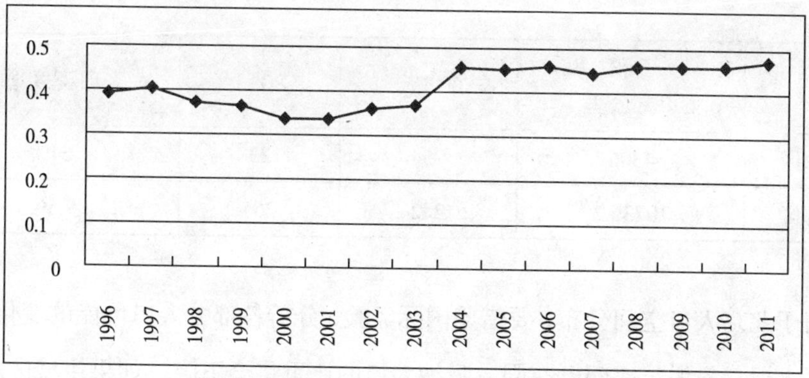

图 24　1996 ~ 2011 年北京各类就业总量占常住人口的比重

测算结果如表 15 所示，到 2020 年，在其他条件不变的情况下，如果固定资产投资年均增长在 14%、10%、8% 和 6%，其他新增人口按照上述不同投资增长的测算方式，北京外来人口新增分别约为 840 万、550 万、415 万和 285 万。北京市所对应的人口分别为 2945 万、2653 万、2517 万和 2387 万。

表 15　　2020 年北京人口预测

投资增长速度	14%	10%	8%	6%
2020 年人口预测量（万人）	2945	2653	2517	2387

2. 人口空间结构分析

2005 ~ 2011 年，北京主城区、近郊区和远郊区人口密度都有所增加，其中，主城区人口密度由 6966 人 / 平方公里增加到 8780 人 / 平方公里，近郊区和远郊区人口密度分别由 754 人 / 平方公里和 242 人 / 平方公里，增加到 1238 人 / 平方公里和 265 人 / 平方公里（表 16）。

表 16　　2005 年和 2011 年北京各区人口密度及变化（人 / 平方公里）

	面积（平方公里）	2005	2011	人口密度增幅
主城区	1368.3	6966	8780	26%

续表

	面积（平方公里）	2005	2011	人口密度增幅
近郊区	4306	754	1238	64%
远郊区	10736.2	242	265	9.5%

对于北京人口空间分布，要借鉴国际经验，分析各部分人口可能的变化方向。主城区人口总量增长空间已有限，吸纳人口的比重将会下降。如果主城区的职能得到有效疏解，主城区的人口规模也会下降，但也要防止中心城区功能疏解带来中心区的衰落。要鼓励中心城区发展高密度住宅，提高中心城区人口居住密度，缓解职住分离状况。

近郊区人口仍有较大增长的空间，近郊区将是承载人口增长的主要区域，未来吸纳人口的总量和比重都将有较大增长。远郊区人口变动不会太大。

（二）未来人口变化总体判断

1. 北京人口近期内难以改变增长的趋势

主要考虑到以下几个方面因素：一是我国城镇化正处于较快发展阶段，根据国际规律，中国城镇化率不仅仅还有 20 个百分点左右的增长空间，还要同时通过农民工市民化解决城镇化质量提升问题。因此，北京市人口还将随我国城镇化率的提高而增长。二是北京作为全国政治、经济、文化中心的地位不可能发生改变，影响到通过行政手段和市场机制引进投资能力仍然较强，就业岗位多与收入水平高的优势还将持续保持。三是高出于全国平均水平很多的优质公共服务水平和优质公共资源对于各类人口进入北京仍有较大吸引力。

2. 到 2020 年北京市总人口大致在 2500 万左右

我们认为，从各个方面的主观因素考虑，北京市并不希望在未来 10 年内人口出现爆炸性的增长。因此，控制人口进入的政策措施还将会持续出台。如果方法得当，从降低投资增长速度开始，如年均投资控制在8%以内，北京市人口总量限制在2500万人内有可能实现。当然还要排除统计上的误差和其他不确定性因素。而在人口的空间分布上，新增人口应该更多地向近郊区集中。

3. 到2020年北京外来人口总量将接近1200万人

如果按常规增长的方式来计算，取前15年平均值作为低限方案，北京外来人口到2020年将会达到1047万人；如果按照投资增长的中低限年均8%，到2020年北京市外来人口将达到1200万人左右。外来人口占城市人口的比重将会逐年提高，预计到2020年将达到45%左右。由于未来中央的城镇化政策重点是从数量扩张转为质量提升，改善外来人口的公共服务将是北京市政府面临的重要而迫切的任务，这也将对北京市政府如何来平衡财力，既提升对户籍人口的公共服务水平，又能够有效落实中央有关政策精神，是一个艰巨的挑战。

七、人口调控可能采用的手段方法

综上所述，如果各种影响因素和条件不发生变化，即使经济增长的速度有可能放缓，北京市人口增长的趋势在短时间内也不可能出现根本性的逆转或者停滞。北京市的人口增长面临的国际和国内环境，不同于其他国家所走过的道路。一是对于现代化发展的迫切要求，以发达国家城市化道路的结果作为参照系，要求北京市的基础设施和公共服务水平提升到发达国家水平。二是我们面临的发展阶段，则是面对大量的低收入人口迫切要求转换就业岗位和提高收入水平的城镇化进程。北京的开放性空间无法阻挡住大量的外来人口来此寻求就业机会，而基础设施供给的压力又导致当地居民把原因归结为人口的高度膨胀。其实根本性原因只是在高速增长过程中，积累的矛盾和社会舆论无法通过短期有效的基础设施和公共服务供给来缓解。舆论的呼声中，唯一的办法，就是减少对新增人口的公共服务，或者是继续采取户籍限制，缓解新增公共服务的压力。

从发达国家特大城市的发展进程来看，人口高速增长一般都需要几十年的时间，有的甚至需要上百年，人口总规模也远小于北京。而北京仅仅经历了十几年时间，人口在原来的基数上增加了800多万。北京市的人口快速增长方式也使本来应该在长时间内解决的矛盾，被浓缩、集中并放大。如果我们有先发优势，可以逐步通过时间的积累来解决矛盾，并不会产生过大的社会心理压力。然而由于城镇化的后发劣势，以发达国家作为参照系，使得在矛盾集中出现的时候，也面临着赶超心理形成的社会舆论压力。

值得注意的是，在行政资源和市场资源同时高度集中在北京市的时候，人口要素流向北京应该是符合经济规律的。提出所谓的人口调控政策、手段和方法，必须要对以上问题有足够清醒的认识，否则，所有的政策还将沦为空谈。北京市人口调控政策首先要充分尊重北京市的城市发展规律，应通过行政和市场的方式在空间中进行疏导；其次要符合中央的城镇化改革的基本方针，不能成为改革的孤岛。

从以上分析视角出发，根据目前城镇化政策的改革思路，北京市人口的调控应该要坚持以下基本原则：充分尊重市场规律，处理好“政府引导”和“市场决定”的关系，坚定不移地以改善公共服务为导向，逐步缩小外来人口和本地人口的公共服务差别；充分利用北京市行政辖区的空间，合理配置人口和资源；要通过经济手段和市场机制，引导人口流向的分布趋势。

（一）加快户籍管理制度改革

合理设定落户条件。城市人口结构多元化，中低收入人口占大多数，需要中低水平的相关服务业，这是城市发展的客观规律。因此，落户政策要对大量从事中低端服务业的外来人口一视同仁，避免设置年龄、学历学位、技术职称等条件抬高落户门槛。

弱化落户人口户籍上附带的福利因素。北京市公共服务水平大大高于全国平均水平的状况短期内不会改变，户籍与福利挂钩使人口“只进不出”。放宽落户条件要避免福利固化，加剧人口流入压力。户改要充分考虑人口流动就业的长期趋势，以促进人口长期有序流动为重要目标，弱化落户人口户籍上的福利，实行“老人老办法、新人新办法”，新增办户口减少政策性住房等福利供给。

优先解决长期举家迁徙人口落户。要尽快制定有关政策，一次或分数次解决长期举家迁徙在北京务工经商的外来人口。据统计，在北京的外来人口中，大约有20%的长期举家迁徙的城镇间流动人口和农民进城就业人员。他们已经有了稳定的工作和就业条件，甚至一部分已经在北京购买了住房，他们已经和北京市融合在一起，也不会返回原来的城镇或农村定居。解决他们的落户问题，不仅不会对社会带来任何波动和不稳定因素，而且会启动他们在北京的长期消费和投资。他们成为北京的新市民，应该是中央城镇化政策在北京的一次最好的利益释放。对于非举家迁徙的外来人口，要通过就业年限等条件的累积，逐步实现落户政策。

鼓励新增人口在远郊区县落户。郊区县和小城镇要在户籍管理制度改革方面进行积极探索。北京主城区存在人口过度集中的问题，但是郊区并不存在人口过度集中的问题，郊区县和远郊区建制镇可以首先放宽户籍制度限制，也可以选择部分郊区县和小城镇进行试点。

（二）推进常住人口基本公共服务均等化

要稳步有序推进常住人口基本公共服务全覆盖。要根据常住人口规模，编制部门和地方预算，把对外来人口的公共服务纳入预算范畴。逐步使外来人口在子女教育、公共卫生、社会保障等方面享受与本地城镇居民同等的公共服务水平。近期要争取在随迁子女义务教育、高考、社保和保障房等领域取得一定突破；远期要制定长期目标，逐步从根本上改善对外来人口的公共服务。

要在北京市辖区内实行差别化的公共服务体系建设。北京市的大多数外来人口来自外地城镇和农村，他们的收入水平和受教育水平无法支持他们在优质的基础设施和公共服务条件下生活。要承认在我国的城镇化进程中，人口差别化的存在。因此，在北京市行政管辖区内，特别是在功能拓展区或者新区（近郊区或远郊区）选择一部分建制镇，为外来人口建设集中居住区，满足一般性的基础设施供给和适应他们收入水平的公共服务体系建设；可以试点允许民办学校和民办医院在这里集中建立，政府给予各种补贴，提供用地；并采取措施鼓励城内优质的学校教师和医生到这里定期开展服务，逐步提高办学条件和水准。

（三）促进环北京经济圈建设，引导外来人口在北京市行政区周边城镇落户

北京市作为特大城市，在未来的城镇化进程中吸引人口的作用仍将持续发挥。北京市应与河北省密切合作，发展环北京经济圈经济，促进一部分产业和人口向辖区周边中小城市和较大建制镇转移。例如可采取以下政策来加强和河北省以及周边中小城市的合作：

税收共享政策。凡是已经确定要在北京投资或者已经在北京投资、需要向周边城市转移的企业，实行税收共享，明确比例，互利互惠，实现双赢。

共建产业园区。可由北京市下辖各级政府，分别与周边城市签订协议，共同建立产业园区，共同制定吸引投资政策；也可由北京市政府规划下辖区县和周边城市结对子，建立互助发展机制。产业园区的有关政策实现互利双赢。

扶持周边城市发展。北京市政府先行明确可以促进周边发展的一部分试点城市，给予一定的政策扶持，支持北京市的产业外移。例如帮助建设基础设施，实现优质公共服务资源共建——如医院和学校的共建等。

统筹北京与周边区域基础设施建设。加快构建完善的高铁、地铁、轻轨等轨道交通网络，加快北京基础设施向周边中小城市的延伸，特别是加强和周边城市的轨道交通建设。为促进北京市人口和产业向周边城市的外移，北京市可将延伸

至郊区县的轨道交通建设，进一步延伸到环北京经济圈的周边城镇。在北京市解决部分投资的基础上，可申请中央政府给予一定的项目资金支持。需要强调的是，只有轨道交通，才可以真正达到为更多中低收入人口服务的交通纽带连接作用。

（四）加大限制工业发展的力度

如果北京市要真正实施限制人口进一步高速增长政策，当务之急，就是限制投资的增长，特别是工业企业向周边新区的进入。

取消对周边区县的GDP考核指标。不鼓励近、远郊区县加大招商引资力度，鼓励相关区县和环北京经济圈周边城市合作建立产业园区。由此造成的财政损失，市政府可以适当给予补贴。

制定产业发展的空间规划。规划中要特别强调，对工业企业进入近、远郊区县的限制措施。要鼓励辖区内区县以及建制镇服务业的发展，特别是针对北京市庞大的消费人群，制定下辖区县以及建制镇的服务业发展规划，如旅游业、采摘业、会议经济、老龄经济、教育经济和医疗服务以及农家乐等；要结合北京特殊的自然景观，尽量使周边的服务业逐步形成规模，带动各类服务产业的发展。

鼓励和限制并举，引导产业转移。要综合运用金融信贷、投资税收、建设用地等政策手段，引导工业企业向环北京经济圈周边中小城市和小城镇转移。

（五）疏解中心城区功能，优化城市功能布局

目前就业、公共服务、行政等多种功能在北京主城区高度集中，也加剧了北京主城区人口承载压力。

研究制定中心城区功能疏解规划。明确中心城区产业、行政管理等功能布局和方向。严格限制医疗、教育、行政办公等大型服务设施的新建和扩建，引导产业、行政、服务功能向周边疏解。鼓励中心城区在非保护区内发展高密度住宅，提高中心城区人口居住密度，缓解职住分离状况。在北京郊区，加快新城、新区

建设，通过承接中心城区产业转移、合理配置公共服务资源，引导人口向远郊区县聚集。

完善城市交通基础设施规划。一是继续推动公交优先发展战略。优先保障城市公共交通的投资和用地，完善公共交通基础设施，提高公共交通线路密度，增强公交出行便利性，提高公交出行比例。二是加强北京与辖区内重点新城的轻轨线路建设。要方便大规模人口的流动，就需要发展大容量的公共交通。轻轨作为郊区的主要交通载体，相比于高速公路更有利于对中低收入人口的服务。

放宽市政公用设施和基础设施准入条件。取消外资、民间资本投资和经营市政公用事业、基础设施等领域的限制。充分发挥市场机制的作用，鼓励各类投资主体以独资、合资合作、受让股权、资产购买等方式，参与市政公用设施和基础设施项目的投资、运营。

（六）保障农民土地权益，提高土地利用效率

促进城乡建设用地同地同权。加快集体土地地籍调查，尽快完成确权登记颁证工作。在符合规划和用途管制的前提下，允许农村集体经营性建设用地出让、租赁、入股，实行与国有土地同等入市、同权同价，所形成收益应缴纳相关税费。允许农村集体经济组织利用集体建设用地自办或者与其他经济组织合办产业园区。

赋予农民更多财产权利。保障农民集体经济组织成员权利，积极发展农民股份合作，赋予农民对集体资产股份的占有、收益、有偿退出及抵押、担保、继承权。保障农户宅基地用益物权，改革完善农村宅基地制度，选择若干试点，慎重稳妥推进农民住房财产权抵押、担保、转让，探索农民增加财产性收入渠道。建立农村产权流转交易市场，推动农村产权流转交易公开、公正、规范运行。逐步探索宅基地及地上房屋向集体经济组织以外的单位、个人有偿转让，允许农民利用自有宅基地建设租赁性经营房屋。

改革土地征收制度。缩小征地范围，规范征地程序，完善征地补偿机制，因地制宜采取留地、留房、留物业、留股份等多种安置方式，保障被征地农民的长远发展生计。建立兼顾国家、集体、个人的土地增值收益分配机制，合理提高个人收益。探索以土地价格和房屋评估价值相结合的拆迁补偿办法。探索土地批租制改为年租制。

合理调控城市用地规模。强化城镇建设用地扩展边界控制，提高建成区人口密度。城镇人均建设用地已经超出用地标准的，严格控制新增用地指标。以现有常住人口为依据，确定新增用地指标在各级城镇的分配比例。城镇建设用地增加规模要与吸纳外来人口落户规模相挂钩。探索跨县级行政区域设置城乡建设用地增减挂钩项目区。

健全集约节约用地制度。扩大国有土地有偿使用范围，减少非公益性用地划拨，逐步对经营性基础设施和各类社会事业用地实行有偿使用。探索建立政府引导、规划管控、多元参与、利益共享的城镇低效用地再开发政策体系。在符合规划的前提下，鼓励原土地使用权人自行改造城镇低效用地；支持利用废弃工业用地兴办符合规划的服务业，经批准并补缴相应税费后可采取协议方式供应。工业用地按商业用地价格补交土地出让价差后，可直接转变为商业用地。

（七）完善城市住房政策体系

住房政策调整对社会各收入阶层都有直接的影响，也关系到城市建设运转的资金来源。

完善住房供应的空间格局，在大范围空间格局中提供满足中低收入人口的住房需求。从市场规律看，市中心地价高是必然趋势，向外发展就便宜，在特大城市尤为明显。应明确北京市辖区内中小城市和小城镇在吸纳中低收入人口方面的功能定位，促进部分优质资源外移，完善公共交通和基础设施配套，为中低收入人口和外来人口提供居住空间。

根据不同人群的需要，制定不同的基础设施配套标准。城市核心区因为优质稀缺资源过度集中，住房供需紧张的局面仍将持续，应尊重市场规律，肯定中高收入人口对中高档住房的需求和房地产投资的需求。辖区内的中小城市和小城镇住房建设，可以适当降低公共服务设施的配置水平，以发展低档和小户型住房为主，不宜盲目参照城市核心区大搞豪华的基础设施。

改革住房用地供给方式，试行土地小块出让。商品性住房的开发尽量利用存量用地，包括废弃厂房、低效用地以及土地增减挂钩。保障性住房应以政策性供地为主，租赁型租房要发挥集体建设用地的功能。对于闲置性住房较多的地方要严格控制新增用地的供给。在中小城市和大城市周边的小城镇，要严格限制土地批租规模，更多地采取几百平米至几亩的小规模地块出让，一是有利于服务业发展，二是有利于促进城市交通微循环，三是有利于促进租房市场稳定。

充分发挥农村出租屋的市场力量。城乡结合部的城中村改造应充分尊重农民意愿，允许农民自建和翻建出租房，向外来人口出租。政府应给予支持和鼓励，金融机构应提供贷款，帮助农民改善周边基础设施条件，强化安全保障和治安管理等。允许集体经济组织利用经营性用地建设公租房。

改革完善政策性住房体系。一是保障性公租房的供给数量和形式应该充分尊重地方政府的选择，尽量减少计划经济下达指标的分配方式；二是要大幅缩小政策性商品住房的供给范围。进一步明确政策性商品住房的特殊供应对象，逐步取消经济适用房，减少集资兴建住房的比例。

研究探索小产权房问题的解决办法。一是要区别对待在集体农地上兴建的小产权房和在集体建设用地上兴建的小产权房；二是通过小范围试点，探索一部分集体建设用地上的小产权房合法化，完善确权和相关税费配套；三是分类研究农村集体经济组织利用自有房屋财产所取得经营性收益、开发性收益、转让性收益的转让办法。

取消对商品房的限购政策。适应北京住房市场需求趋向，及时调整商品房限购政策，取消在北京购置商品房的与户籍相关的限制政策。通过商品房价格的市场化，加大土地出让金的征收力度，提高北京城区稀缺的土地资源的利用效率，并确保基础设施投入资金来源的供给。

研究开展征收房产税试点。发挥税收对收入分配和住房价格的调节作用，开展房产税试点。可以首先针对保有多套住房的家庭进行征税，对一个家庭保有两套以上的住房要征收房产税；可以研究将集体建设用地上建造公租房纳入征收房产税试点范围。

（八）合理利用价格手段调控人口生活成本

政府对水电气等要素补贴，扭曲了这些要素的市场价格，降低了人口、产业的生活和发展成本。加快北京市政公用事业价格形成机制的改革，尽快形成市政公用产品的价格形成机制，通过价格手段调控人口规模。要尽快实行水、电阶梯价格，对低收入人口进行补贴。既有利于通过生活成本的提高来调控人口的进入，又有利于未来的城市基础设施的市场化运营和管理。

要尽快研究提高公共交通运营价格，适度逐步提高地铁和公共交通的票价，并研究对低收入人口和户籍人口的价格补贴政策。

（九）提高城市人口信息化管理水平

综合运用现代信息化技术，尽快建立常住人口信息管理系统。加强城镇流动人口监测，安排专项财政资金建立流动人口信息监测体系，探索建立城镇流动人口信息监测网络，全面把握流动人口基本信息。

（十）需要中央解决的配套政策

在中央政府层面建立协调机制。北京市人口调控和功能疏解仅靠北京市难以奏效。一是中央政府及其部门可以给北京市提出相关要求，但对北京市建设管理并不承担相应责任，北京市也无法统筹规划安排中央政府部门的资源。二是北京市人口调控要与周边天津、河北两地进行协调。应由中央政府统筹京津冀区域经济、社会发展问题，并制订相应的规划。

与中央政府建立合理的成本分担机制。争取中央财政对户改成本、区域间基础设施建设等方面的支持；争取中央财政对户改新增户籍人口在教育、医疗和养老保障等方面的投入，力求中央财政承担更高的比例。跨区域的基础设施建设投资要有中央统筹，一方面要加大中央财政的投入支持力度，另一方面要大力引入民间资本。

报告二

以北京市为例——特大城市人口规模调控研究报告

北京市人口规模调控联合课题组*

改革开放以来，中国城镇化经历了一个起点低、速度快的历程。北京作为首都，在我国城镇化快速发展进程中，面临更加突出的人口资源环境矛盾、更加凸显的特大城市建设和运行管理压力、更加迫切的城乡区域协调发展等许多新的问题和挑战。当前，首都发展进入新的阶段，做好首都的人口工作，必须科学地审视所处的历史方位，准确把握首都在经济发展、城市建设管理、社会建设、文化建设和生态文明建设方面的阶段性特征，进一步加强人口综合管理，协调好人口与资源、环境、产业之间的关系，稳妥推进人口规模调控。

一、人口发展的现状与考验

新世纪以来，北京经济社会发展取得了很大成就，人口发展进入了一个新阶段，人口规模调控也面临许多新课题。

---

* 课题组负责人：刘志　课题组成员：张金霞 张伟 苗林 王飞 崔成印 李军 易成栋 倪娜

（一）人口发展的现状

1. 人口持续快速增长

2012 年北京市常住人口达到 2069.3 万人。过去的 12 年，全市常住人口平均每年增加 58.8 万人，年均增长率为 3.5%。从增长结构看，户籍人口增速相对稳定，流动人口规模加速膨胀。2012 年，在京居住半年以上的流动人口为 773.8 万人，占常住人口的 37.4%。与 2000 年相比，共增加 517.7 万人，增长 202%，年均增加 43.1 万人，占常住人口增量的 73.4%，年均增长率为 9.7%。自然增长、户籍迁入、人口流入对常住人口增长的“贡献”比约为 10 ： 20 ： 70。

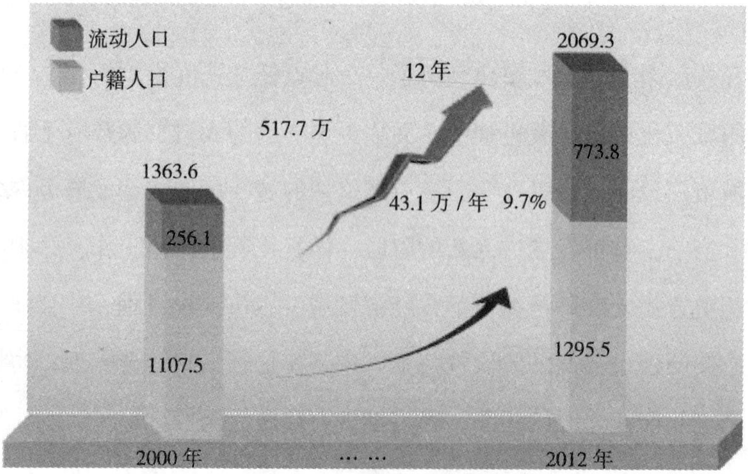

图 1

2. 人口分布不均衡

近年来，人口分布总体上朝着分散化、合理化方向发展，但是中心过密、外围过重、整体失衡的空间格局并没有发生变化。2000 ~ 2012 年，首都功能核心区常住人口稳步下降，从 15.58% 降至 10.61%；城市功能拓展区常住人口最多，占比小幅上升，从 47.08% 升至 48.72%；城市发展新区明显上升，从 27.10% 升至 31.56%；生态涵养发展区缓慢下降，从 10.23% 降至 9.11%。从整体布局看，城六区集中了 60% 的常住人口，每平方公里为 8972 人，高于大伦敦（5437 人）和东京都（5948 人），其中首都核心功能区每平方公里高达 23758 人。从区域聚集看，全市 324 个街乡镇中有 53 个成为人口比例倒挂地区，与流动人口的倒挂比为 1 ∶ 2，其中昌平区流动人口占比达 52.3%。

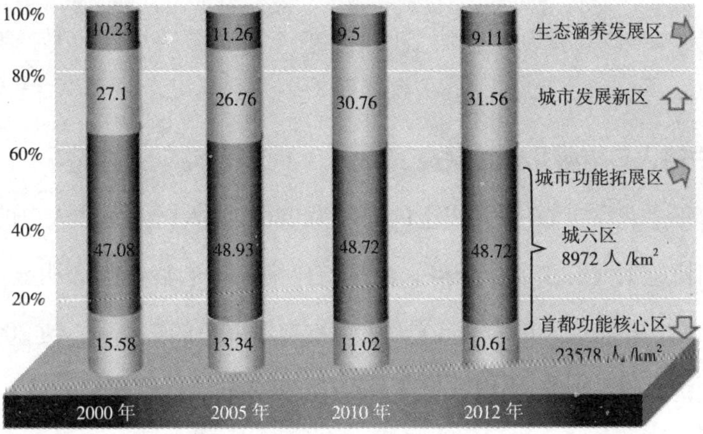

图 2

3. 人口城镇化水平较高

北京是典型的国内移民城市，城市化水平的提升主要源于外埠人口的大量迁移，市域农业人口转移所占份额很小。北京的城市化水平与流动人口占比保持正相关性这一特征，短期内不会改变。2012 年，北京城镇化率达到 86.2%。城镇化水平，同期低于伦敦（90%，2009 年），高于纽约（82%，2009 年）、巴黎（78%，2009 年）和东京（67%，2009 年）。

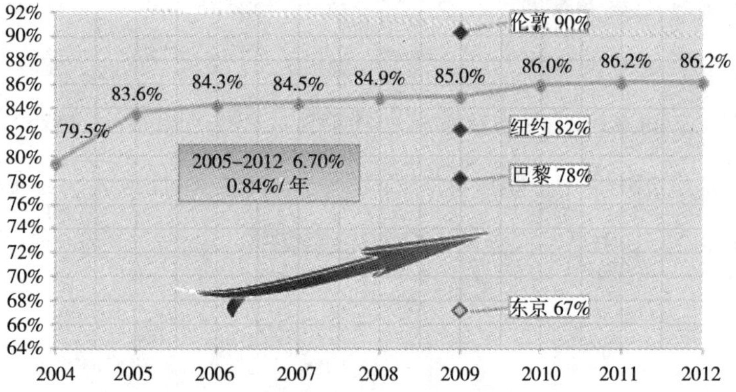

图 3

4. 户籍人口老龄化趋势明显

2012 年全北京市 60 岁及以上的人口为 286.8 万人，占常住人口的 13.9%，与 2000 年相比上升了 1.3 个百分点。但是，户籍人口老龄化趋势明显。2012 年 60 岁及以上的户籍老年人口为 266.1 万人，占户籍人口的 20.5%。与 2006 年相比，平均每年增加 10.6 万人，年均增长率为 4.7%，增幅高于同期户籍人口 3.4 个百分点。据预测，到 2030 年全市户籍老年人口将达到 480 万人，约占户籍人口的 30%。

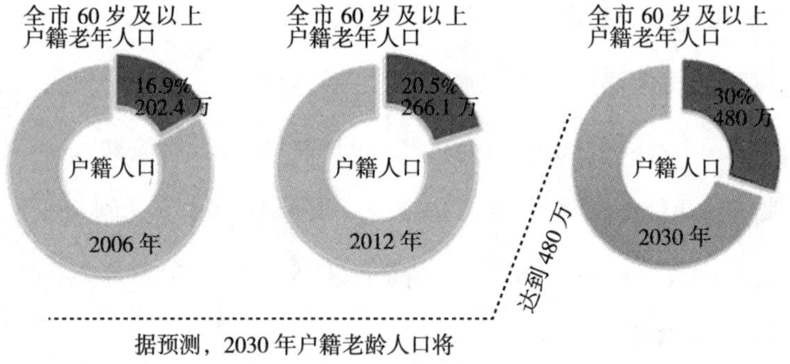

图 4

5. 低生育水平持续稳定

“十五”期间，全市常住人口自然增长率除 2005 年略高于 1‰，其他年份均低于 1‰，其中 2003 年为 –0.09‰。“十一五”期间，恰逢上一波生育小高峰出生人口陆续进入婚育期，加之符合“双独”生育政策家庭逐渐增多、新生儿随父入户比重增大和在京流动人口生育数量逐年增多等共同作用，北京进入新一轮生育小高峰，常住人口自然增长率有所上升，但仍低于 4‰，户籍人口计划生育政策符合率为 97%，流动人口为 87%，低生育水平仍保持稳定。“十五”以来，全市总和生育率持续稳定在 1.3 以下，2010 年降至 1.02 左右，其中农业人口为 1.24、非农人口为 0.96，远低于 2.1 的更替水平。

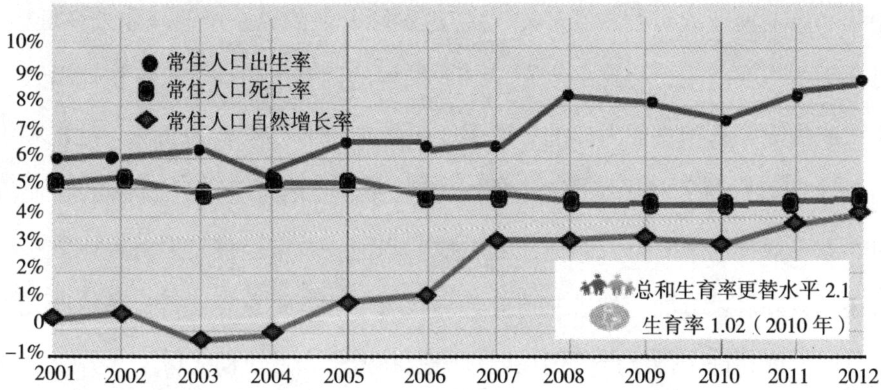

图 5

（二）人口快速增长带来的考验

人口快速增长，在满足北京市经济增长及社会服务需求的同时，也使城市发展面临诸多考验，主要是以下四个方面。

1. 资源环境负载压力过重

按现有的水资源量和人均水资源标准，在现有的经济技术水平下，北京水资源极限承载规模为 1440 万 ~ 2180 万人。按现代城市每人至少需要拥有 200 平方米的绿地标准，北京市内的 3500 平方公里绿地至多可容纳 1750 万人。综合考虑人均综合污染物排放量及城市环境吸纳能力，与大气环境相适宜的人口规模为 1660 万人左右。能源消耗方面，全市能源消耗总量持续攀升，生活用能所占比重逐步提高，建筑能耗占总能耗的 50% 左右。由于人口规模过大带来的大量生产生活活动，给市域水体环境也造成了极大污染，主要水系水质不够合格、污染超标问题普遍存在，给改善人居环境带来较大困难。

2. 产业结构优化升级受限

2012 年，北京三次产业结构为 0.8 ∶ 22.8 ∶ 76.4，服务业比重已接近发展国家水平，如按城区计算，2010 年城六区服务业比重为 86.8%，达到纽约、东京、伦敦等世界城市同期水平。三次产业就业人口的分布与产业结构的调整基本吻合，其中第一产业就业人口约占 5.5%，已接近国际公认的第一产业就业人口低于 5% 就可认为基本实现现代化这一水平。产业结构的调整也拉动了人口快速增长，第三产业成为吸收新增就业人口的主渠道，在业人口年均净增 30 万人。批发零售、住宿餐饮、租赁商务和居民服务这四大服务业，吸纳了全市近 50% 的在业流动人口，人口规模约 220 万人，占比近七成。当前，本市经济发展对人口依赖程度相对还比较高。一方面，先进制造业、现代服务业等重点发展行业高技能人才短缺；另一方面，许多传统产业仍在继续吸引和聚集大量流动人口。

3. 城市布局调整难度加大

从空间看，北京城镇体系呈现“中心大、周边小，中心强、周边弱”的特征，整体发展不协调。在全市 6400 多平方公里的平原上，占 1300 平方公里的城六区，创造了全市经济总量的 70%，聚集了全市 60% 的人口。从区域看，城六区发展呈现“中间高、外围低，北部高、南部低”的形态，区域发展不均衡。流动人口大量聚集在城乡结合部，不仅引发和加重了“城市病”，也“助力”城市规模无序扩张，影响和改变着中心城“分散集团式布局”的结构，增大了中心城区功能疏解和城市功能布局调整的难度。

4. 影响和制约“四个服务”能力提升

流动人口大量流入，带来交通、教育、医疗等公共设施短缺的压力。六环路以内日出行总量已达 3500 多万人次，新增交通供给能力很快被人口增量所抵消。

2011年，全市非户籍在园幼儿和义务教育阶段在校生人数占比分别达到25.4%和37.6%，其中小学生占比42.5%、初中生占比26.7%，学前及义务教育资源总量供给不足与区域供需矛盾并存。2010年，全市医疗机构6377个、诊疗人次1.4亿，和2000年相比，医疗机构增加6.2%、诊疗人次增加109.1%，其中三级医院中外地患者比例达三成以上。公共服务设施供需矛盾加大，提升“四个服务”能力所面临的交通和空气质量等问题，短期内难以明显改善。

北京仍然是一个发展中的城市，在全国城镇化加速、区域统筹加快的大背景下，统筹人口、资源、环境协调发展的任务依然艰巨。

一是人口增长的趋势短期内难以改变。从我国城市化进程特点、北京经济发展阶段特征及首都城市的吸引力等方面看，未来一段时期内北京人口持续增长的趋势不会改变。相关研究普遍认为，未来10～20年北京的人口规模仍将保持较高的增长速度，人口增长的拐点可能在2030年前后。从全国的人口转移看，据测算，到2030年全国农村还有2亿富余劳动力需要转移到城市。按全国每年新增流动人口1000万人以及现在北京流动人口占全国流动人口总量4%的比重推算，如不采取有效的调控措施，北京流动人口仍会以年均40万的速度增长。

二是人口规模调控应综合运用多种手段。人口发展是社会经济发展的综合体现，从宏观角度看，人口规模取决于资源承载、环境制约、产业布局、交通运输和人口流向等因素；从中观角度看，人口规模取决于城市布局、功能配置、土地开发、道路规划和人口集聚等因素；从微观角度看，人口规模取决于就业机会、福利水平、生活条件、社会秩序和人口管理等因素。对人口规模的调控，应是对上述多层面因素的综合调控。

三是人口有序适度调控进入新的发展阶段。世界城市是国际城市的高端形态。北京要建设世界城市，必须首先理顺人口与资源、环境的承受能力之间的关系，抑制人口无序过快增长，保障人口、资源、环境的可持续发展。世界城市空间布局优化经验表明，人均GDP达到5000美元后，大多进入加快新城建设发展阶段，以缓解中心城区压力；人均 GDP 达到 1 万美元后，则加快完善新城功能，解决新城的“业城不均”问题，并进一步优化中心城区的空间布局。北京人均 GDP 已超过 1.3 万美元，应加快城市发展战略的结构性调整，建设“紧凑型”、宜居型都市，满足市民对改善人居环境的新要求，提升城市居民的幸福指数。近两年，随着北京不断加大转方式、调结构的力度，人口增长速度有所放缓，人口规模调控的相关措施应尽早完善、顺势推进。

二、人口规模调控的总体思路与框架体系

（一）总体思路

以科学发展观为指导，认真贯彻中央关于特大城市要合理控制人口规模、防止出现“城市病”、统筹研究解决北京人口问题的指示精神，深刻认识和把握首都发展的阶段性特征，按照人口资源环境相均衡、经济社会生态效益相统一的原则，综合运用法律、行政、经济等手段，以合理控制人口规模为契机，以优化人口空间布局为重点，以改善人口发展环境为抓手，统筹推进产业结构升级、新城功能完善和服务管理创新，更好地履行首都“四个服务”职责，探索走出一条中国特色新型城镇化背景下特大城市人口规模调控的新路子。

（二）框架体系

城市人口规模膨胀是受政治、经济、文化及发展阶段等综合因素作用的结果，试图用人为的、单边的力量对它做出改变，也是非常不容易的。人口规模调控应立足综合调控，搞好顶层设计，基本框架主要包括以下三个体系。

一是与首都人口、资源、环境相适应的产业调控体系。合理控制人口规模，首先是对人口流量进行合理的调控，防止和避免人口无序过快增长，加剧人口、

资源、环境的矛盾，影响北京首都功能的实现。人口规模的调控从根本上是劳动力市场调控，是经济发展的调控问题。实现人口规模的合理调控，首先必须摒弃轻视资源、环境承载能力而盲目扩大产业规模的做法，充分发挥首都科技、智力资源优势，坚持走创新驱动、高端发展之路，严格控制能耗大、附加值低的劳动密集型产业。因此，应科学制定与首都资源、环境相适应的产业政策，发挥产业对人口流动的引导和配置效应。

二是与首都城市性质功能相协调的规划引导体系。北京传统的单中心、超常规的城市发展模式，吸附了外围新城及周边地区的发展机会，并导致人口过度集中、交通拥堵、环境污染等大城市问题日益凸现，将城市发展中的更多矛盾“聚焦”在中心城区，使中心城区的政治中心功能受到不同程度干扰。北京建设世界城市，在空间上必须处理好国际功能的区域聚集问题，尤其要优先处理好与首都核心功能的关系，不应再延续“中心聚集”的传统思路。因此，应科学规划与首都城市性质功能相协调的城市发展方略，从战略层面破解中心“堵”局，谋划世界城市建设新局。

三是与首都城市发展目标相匹配的管理保障体系。建设成为经济、社会、生态全面协调可持续发展的世界城市，是北京城市发展既定的战略目标。北京在迈向世界城市过程中，面临人口与资源、环境的矛盾日益凸显。缓解这一矛盾的战略优先项就是，必须重视和加强人口综合管理。为此，在观念上要敢于创新，逐步破解在人口服务管理的理念、政策、体制机制、方式方法等方面面临的深层次问题；在职责上要敢于担当，逐步健全市级统筹、部门分管、属地负责、四级联动的人口综合协调管理机制；在行动上要敢于碰硬，以清除违法建设、违法生产、违法经营为切入点，综合运用法律、行政、经济等手段，把不符合城市发展目标的低端业态及从业人口“挤出”北京。

三、人口规模调控的基本原则和主要目标

（一）基本原则

坚持以人为本。更加注重保障和改善民生，加快公共服务体系建设，为各类发展主体创造公平的发展环境，切实把人口的流入与北京的发展相协调，融入首都发展大局，共享发展成果，共建美好家园。

坚持统筹协调。强化人口的基础地位，注意把握人口各要素之间、人口与经济社会及资源环境之间的互动关系，把人口问题作为发展问题来研究、来解决，在促进人口规划与城市规划、土地利用规划、经济规划有效衔接中，实现对人口规模的合理调控。

坚持管服并重。增强法制管理，加大对低端经济业态的市场监管力度，规范传统服务业的用工行为，使之在更加有序的基础上运行；完善社会服务，以便捷的民生服务引导、推动人口结构转型升级，持续完善基本公共服务均等化，实现包容、吸纳人才和规避低端集聚的动态均衡。

坚持市场引导。准确把握和主动遵循市场经济条件下特大城市人口发展的规律和特点，充分发挥市场配置劳动力资源的基础性作用，依靠产业发展对引导劳动力资源合理流动和优化配置的调节作用，构建政府调控市场、市场调节人口的调控体系。

（二）主要目标

充分发挥首都资源优势、服务优势，加快产业转型升级，增强创新驱动发展动力，建立体现生态文明要求的目标体系、考核办法，缓解人口、资源、环境的矛盾，增加发展的平衡性、协调性和可持续性。

人口职业结构优化。落实首都人才发展规划，主要劳动年龄人口中受过高等

教育的比例达42%，高技能人才占技能劳动人才比例达30%，适度扩大社会养老服务从业人口的规模，控制低端经济业态从业人口的增长。

人口区域分布合理。落实北京市主体功能区规划，首都功能核心区要使常住人口比重逐年下降；城市功能拓展区要使流动人口规模逐年降低；城市发展新区要使流动人口增长得到有效控制；生态涵养发展区要稳定常住人口总量，城镇化率年均提高1%。

人口增长稳中有降。落实北京城市总体规划，以户籍人口增量平稳、流动人口总量下降为综合管理目标，以治理违法建设、违法生产、违法经营为突破口，加大低端业态调整退出力度。

四、人口规模调控的主要任务和政策措施

人口规模调控是一项系统性、长期性的战略任务，必须统筹好当前与长远，综合谋划，综合施治。当前，应重点做好以下几方面工作。

（一）完善利于人口规模调控的产业发展政策

积极落实产业调控政策，坚持走高端、高效、高辐射力的产业发展之路，加强低端业态的规范管理，改造提升传统服务业和生活服务业，努力通过调整产业结构控制人口无序增长。

1. 加强产业发展的政府引导，完善产业准入和退出机制

提高和细化产业准入标准，严控低端产业涌入和无序发展，从源头上促进区域产业转型、人口规模减少和环境秩序好转。一是修订产业发展指导目录，细化不同功能区域鼓励、限制和禁止的产业，逐步解决产业发展与功能定位的错位问题。二是严格市场准入制度，避免增大外来就业人口需求和新的资源、环境问题，重点解决产业审批与就业管理的脱节问题。三是完善市场退出机制，通过设备折旧补贴、设备贷款担保、迁移补贴、土地置换等手段，推进产业转移和退出。

2. 发挥资源和服务优势，提升生产性服务业发展实力

一是发挥金融功能优势，提升生产性服务水平。依托金融优势，加快提升现代物流、会展、文化创意、商务服务和信息服务等行业的技术服务能力和管理水平，优化生产性服务业的内部结构。二是推进特色生产性服务业聚集区建设。统筹全市服务集聚区建设，避免各园区在功能定位、发展重点方面存在冲突，提高园区之间的互补协作关系。围绕龙头企业拓展产业链，形成良好的产业发展生态环境，发挥产业集群所带来的集聚效应。三是创建技术创新和成果转化应用平台。重点围绕信息技术、生物医药、数字新媒体、工业设计等领域，推进专业园区和专业服务平台的服务体系建设。依托中关村“一区多园”的模式，形成专业化分工的专项科技研发平台和成果转化应用的产业化基地。四是提升生产性服务产业的区域辐射力。加快专业服务市场发育，打造物流业高端产业园区，推动连锁经营等现代流通方式，构建对周边地区开发开放网络，提升区域辐射力。

3. 加大市场监管力度，促进生活性服务业业态升级

一是应制定鼓励连锁经营政策，重点在家政、再生资源回收、餐饮、便利店、维修、社区菜店等领域推进连锁经营，进一步优化经营业态，制定并细化生活服务业各行业的准入标准，以规范、标准、品牌化为方向，提高准入门槛。二是要对现有批发市场实施升级改造，全部实施发票经营管理，减少零售业务，适度提高经营成本；要把业与房结合起来，落实出租房屋管理细则，禁止群租行为，提高生活经营从业人员成本。三是应通过安全生产大检查、排除消防隐患、整治无证摊点等手段，严厉打击违法建设、违法生产、违法经营，挤压依托“违法”存在的低端人口的生存发展空间。

4. 统筹城乡公共资源配置，加快社会性服务业均衡分布

按照公共服务均等化要求，将教育、医疗、文化、体育设施在城乡各区域均衡布局。一是加快新城基本公共服务能力建设，提升城乡结合部等人口新增地区的公共服务设施建设水平。探索与外省市合作建设大型养老基地，通过医疗、养

老等公共服务的全面对接，缓解老龄人口不断增加的压力。二是严格控制在京高校扩建、扩招，鼓励部分大学的本科教育外迁到新城，支持通州国际新城吸引一批著名高校入住，相关市级部门应该在人事、工资、户口等领域给予特殊优惠政策，引导中心城功能和人口疏解。三是继续探索本科教育外迁到市外周边地区发展的路径，与周边省市合作建设高教园区，减少就学人口压力。

5. 提升旅游业发展水平，减少人口流动带来的压力

2012 年，北京接待旅游人数为 2.31 亿人次，其中入境旅游为 500.9 万人次、国内来京旅游为 13620 万人次，旅游业增加值达到 1336.2 亿元，占 GDP 的 7.5%。旅游业为北京创造了大量 GDP 的同时，也给城市带来很大的人口压力。据北京市旅游委 2012 年度统计数据，按入境旅游者平均停留 4.23 天、国内来京旅游者平均停留 5.01 天计算，每天在京的京外游客平均约 193 万人。作为消费者，旅游人员对交通、餐饮、住宿等公共服务的需求量远远大于北京本地市民。按照旅游人员出行率是本地市民的 1.6 倍作为系数（每一名旅游人员需要的第三产业服务相当于本地市民的 1.6 倍），193 万游客就相当于 310 万本地市民对城市公共服务的需求量。提高旅游业产值与减少人口压力的契合点是，适度调整旅游景点门票价格，大力发展高端商务、会展、休闲旅游，提高旅游业的附加值，促进旅游资源向深度体验游转变。

（二）落实人口疏解优化的规划部署

科学规划城市空间布局，加快中心城区功能疏解，集中力量打造“业城均衡”的综合新城，加快交通平衡体系建设，构建大范围人口疏解体系，从整体上优化人口空间布局。

1. 制定中心城功能疏解规划，加大城区人口疏解力度

一是坚持总体规划“多中心发展”的要求，彻底摒弃“摊大饼”的发展模式，抓紧制定中心城区功能疏解的战略规划，统筹谋划功能、产业、人口转移的去向

和时序。二是首都功能核心区要严格控制建设规模和人口总量，必要时可采取冻结立项和规划审批等行政手段，严格控制新建住宅开发项目，严格控制大型公建项目，严格限制医疗、行政办公、商业等大型服务设施的新建和扩建，尤其应加快大型小商品批发市场的“退出”进度。三是城市功能拓展区要严格控制建设规模无序扩张和人口无序聚集，严格控制不符合区域发展定位的无序建设，严肃查处各种违法违章建筑，强化城乡结合部治理，防止城中村、城边村外来人口的过度聚集。

2. 高标准规划建设新城，强化人口与产业聚集功能

新城建设应重点处理好“建城”、“兴业”与“引人”的关系，必须坚持高标准规划建设，重点打造相对独立、功能完备、城乡一体、宜居宜业的城市组团。应做到“五个坚持”：一是坚持功能定位。以有效承接中心城职能和产业的疏解，以及聚集首都发展其他必要的新增职能为核心任务，推动新城功能和产业发展的分工合作与优势互补，避免同位、同质竞争和重复建设。二是坚持产业优化。加强全市性重大功能性项目和产业项目的引入，促进多种产业和各类公共服务相互支撑，实现产业、居住与公共服务功能的整体优化。三是坚持城乡一体。按照新城与村庄规划、建设和改造一体化的思路，加大新城城中村、棚户区和城乡结合部地区改造力度，防止新的“城中村”产生。四是坚持生态宜居。大力支持新城教育、科技、文化、体育、卫生等公共服务和生态环境建设，努力实现新城人性化、精细化、集约化、生态化发展。五是坚持稳妥有序。合理确定新城建设时序，加强新城土地储备、开发与供给的计划性，保证新城集中成片、稳步有序的滚动发展，防止新城由于过快、无序和低水平扩张，而成为新的外来人口与低端产业的聚集区。

3. 加快职住交通平衡体系建设，缓解城区人口通勤压力

在市场力量主导的城市空间结构中，“职住平衡”难以实现。应实施快速交通体系联结就业中心和高密度居住区策略，减少职住分离带来的拥堵和环境污染。一是在进行城市空间规划和土地供给时，应当促进产业用地的充分集聚，鼓励产业和社会公共服务设施向“六大高端产业功能区—四大高端产业新区—专业集聚区”集中。二是加强交通规划和城市规划的衔接，在从就业中心延伸到城市外围的轨道交通周边提供居住用地，或者在就业中心和相应的居住密集区之间提供便捷的快速交通设施，尽可能减少对交通的刚性需求。三是加强交通弹性需求管理，可以通过提高停车费、征收高峰时段拥堵费等手段引导市民出行。

4. 完善大北京区域规划，构建区域疏解人口体系

加快推进京津冀区域在基础设施、产业发展、生态建设、环境保护、城镇体系等方面的协作，从区域的角度平衡资源和产业，带动周边区域发展，引导人口在大区域空间上的合理流动。一是加快推进京津冀区域在基础设施布局、产业发展、城镇建设等方面的合作，以产业就业引导人口转移疏解，减缓北京的人口涌入压力。在企业外迁的同时，按照就近居住的原则，在工厂、企业等工作用地附近开辟新居住区，建设生活服务设施，实现人口分布与服务设施分布之间的协调发展。二是应注重与廊坊等周边中小城市的合作，提高其承载力，通过经济适用房、老年公寓、高校转移等方面的合作，引导人口向外疏解。三是加强人口异地疏导政策研究，探索异地养老的医疗、社会保障政策，鼓励人口跨区域流动。

（三）建立促进人口长期均衡发展的政策体系

深化“以业控人、以房管人、以证管人”模式，规范房屋租赁市场，加强劳动力市场管理，稳步推进户籍制度改革，优化人口发展结构，促进人口长期均衡发展。

1. 稳步推进户籍制度改革，探索建立居住证制度

从首都的城市功能定位、经济社会发展水平、资源环境承载能力以及流动人口管理现状出发，全面贯彻落实中央和我市关于推进户籍改革、实行居住证制度的工作要求，把居住证作为摸清流动人口底数、掌握就业居住信息的一项基础性制度，加快推进居住证制度立法进程，并研究推出与居住证制度相配套的、实现流动人口权益待遇梯级享有的一系列新举措，充分发挥居住证制度在流动人口服务管理方面的基础作用，以及在流动人口规模调控方面的引导作用。

2. 加强劳动力市场管理，提高户籍人口就业率

强化劳动保护政策，加强就业引导和管理，严厉查处非法或违规用工行为，加快低端业态的转型或退出。积极探索提高本地人就业率的政策措施：一是政府带头。在市、区两级政府机关、事业单位的后勤服务人员中，应重点招用一定比例的户籍人员。二是注册挂钩。新注册企业应吸纳一定数量的户籍人员，具体数量视企业规模而定。三是限补并重。对现行的城市公交、城铁、出租等行业继续实行就业限制外，通过岗位置换、税费减免、经济补助等手段，鼓励和支持更多市属公共服务企业逐步扩大户籍人口的就业比重。

3. 规范房屋租赁市场，实施经营许可制度

一是建立出租房屋许可证制度，设定住房出租的人均面积和设施标准，治理群租、地下空间、非正式房屋、城中村及农村住房租赁市场，禁止不合格的房屋进入租赁市场，提高入住人口的居住面积和设施质量，改善租户的居住环境，间接提高租户的生活成本。二是严格按照有关规定开展房屋租赁服务业务，把房屋中介机构的出租房信息纳入治安管理范畴，依法处罚不履行治安责任行为的房屋中介机构。三是本着“谁用工、谁负责”的原则，增加招工企业为外来务工人员提供适当居住保障的社会责任，对不能提供居住保障的新增劳动密集型企业，则应扩大户籍人员的就业比重。

4. 健全人口和家庭发展政策，积极应对少子化和老龄化

“少子化”、“老龄化”以及“未富先老”、“未备先老”是北京经济社会发展将长期面对的重大课题。尽管目前北京仍处于“人口红利”期，但是在我国老龄化不断加快的大趋势下，北京的“人口红利”也是有期限的，应尽早谋划应对之策。一是加快培养适应产业结构变化的劳动力队伍。北京市外来流动人口众多与熟练技术工人缺少长期并存。解决问题的重要途径是建立针对流动人口长效的职业培训机制，开展多层次、多专业、多元化的职业教育培训，促进人口负担向“人口红利”的有效转化，实现从“人口红利”红在“数量”转向红在“质量”。二是引导长期性资金投资养老社区建设。投资养老社区存在着投资规模大、回收周期长的特点。建议政府出台相关政策，在国家财政拨出部分资金的同时，引导社会资金特别是长期性资金投资养老产业，一方面创新养老产业发展的融资手段，另一方面开辟社会长期资金的有效投资渠道。三是完善促进家庭发展的政策措施。进一步完善生育政策及奖扶特扶政策，建议提高独生子女父母的奖励标准，并增设农村集体经济产权、林权制度改革的奖励股和征地、拆迁补偿的优惠奖励。

（四）创新人口规模调控的体制机制

建立人口规模调控统筹机制，完善人口信息统筹和人口发展规划体系，探索建立人口评估和属地管理目标考核工作机制，创新人口规模调控的体制机制。

1. 完善首都人口综合管理协调工作机制

建议成立首都人口市级综合管理委员会，建立年度人口发展形势分析会议制度，组织相关部门对人口规模调控、集约土地利用、产业结构调整、节能减排、资源环境保护等政策的执行情况进行综合评估，加大政策和执行的统筹力度，逐步完善人口规模调控顶层设计、高层统筹、部门协力、属地落实的工作格局。加强政策统筹，做好与中央政策的对接，争取中央支持北京实施有差别的随迁子女高考及人口管理政策和有限度的房屋限购政策，支持并推进北京城市中心功能疏解的规划落实。

2. 建立和完善人口信息统筹机制和发布制度

一是实行社会服务实名制，多渠道获取流动人口基本信息。二是建立实有人口登记制度，加强人户分离人口的信息采集。三是整合人口信息资源，统筹推进人口信息化“四个一”工程（一个综合信息平台、一套管理指标体系、一个整合工作机制、一套预测预警应用系统）。四是建立北京人口信息发布制度，定期向社会公布人口发展动态和人口、资源、环境与经济社会协调发展状况。

3. 编制首都人口发展功能区规划

按照国家人口发展功能区划确立的原则、方法与技术路线，根据北京城市功能区定位和《北京市主体功能区规划》，拟将北京市人口发展划分为四大功能区：人口疏解区（东城、西城）、人口稳定区（朝阳、海淀、石景山、丰台）、人口聚集区（通州、顺义、大兴和房山、昌平的平原）和人口收缩区（门头沟、平谷、怀柔、密云、延庆和房山、昌平的山区），在综合分析产业发展与功能定位的契合度、产业结构与就业结构的匹配度、人口总量与资源环境的均衡度等方面因素的基础上，明确各功能区人口发展的目标和要求，为人口发展及属地调控明规建制。

4. 建立重大政策、重大规划、重大项目的人口评估机制

发展与人口、资源、环境相协调，是首都科学发展必须坚持的重要原则。这一原则要求首都的发展，必须按照人口、资源、环境相协调，制定重大规划，研究重大政策，布局重大项目。建立人口评估机制，就是在出台涉及公共服务资源配置的重大规划、重大政策、重大项目前，均应进行人口评估，最大限度地减少和降低对人口规模调控目标可能造成的不利影响，进一步完善人口管理和人口调控的决策机制。重点围绕人口、资源、环境与经济协调发展，构建一套相对比较科学的指标体系，用于指导和帮助相关部门和区县组织开展人口评估工作。人口评估分市、区县两个层级。市级评估由市政府牵头，从列入市政府会议重要议题中选定,交由相关部门牵头组织评估,形成人口评估专项报告,供市政府决策参考。

5. 明确人口调控属地管理责任制

把人口规模总量调控分解到区县，并明确区县在人口规模调控工作中的职责和目标。将人口、资源、环境协调发展纳入区县政府绩效管理考评指标体系，重点加强对中心城区、开发新区和规划新区等重点区域人口调控工作的考评督导。将流动人口有序管理、均等化服务等有关内容纳入到市政府综合目标管理考评指标体系，围绕促进人口、资源、环境综合平衡，激发和鼓励区县完善管理、做实服务，实现经济社会协调发展。

专题二

上海篇

报告三

关于上海特大型城市人口规模调控的研究报告

上海市人口计生委课题组*

上海是一个正在发展和崛起中的国际大都市，在长三角、全国乃至世界上都有重要影响。上海又是一个人口特大型城市，人口转变进程早于全国10～20年，是全国人口跨省流动的主要流入地之一，在全国人口大规模流动迁移格局中占有重要地位。

上海在历史上就是一个移民城市，人口发展具有很强的开放性。改革开放以来，随着浦东开发开放、经济快速增长、城市大建设大发展以及长三角区域大交通体系的形成，尽管从1993年起进入户籍人口自然变动负增长阶段，但是全市人口规模不断攀升，人口增长速度快于全国平均水平，“九五”、“十五”、“十一五”的常住人口实际总量均已突破原定的规划目标。根据“六普”公报数据，全市常住人口为2301.9万人，同“五普”的1673.8万人相比，十年共增加628.1万人，增长37.53%，平均每年增加628141人，年平均增长率为3.24%。按照这一发展趋势来看，未来一段时期内，上海对国内外人口的吸引力依然强劲，人口构成日益多元化，跨省流入人口数量不断增加，国际人口、商务人口、旅游人口、通勤

---

* 课题组负责人：谢玲丽　课题组成员：张梅兴 樊华 张戎舟 苏燕 瞿志奇 陈蓉

人口将大量进入，全市实有人口、常住人口和户籍人口数量都将随之攀升。这对上海未来发展而言，是一个严峻挑战。

报告从上海市人口发展与变化的基本情况入手，理清影响上海未来人口变动的因素，分析上海市人口规模调控的问题，并提出相应的政策建议。

一、上海市人口发展的基本态势

（一）人口总量持续增长，突破规划目标

1. 上海“九五”、“十五”、“十一五”确定的常住人口规划目标均被突破

历次人口普查和1%人口抽样调查数据显示，20世纪60年代至80年代，上海常住人口增长平缓，常住人口中基本都是户籍常住人口。20世纪90年代以后，上海常住人口规模快速扩张，1990年“四普”时为1334.19万人，2000年“五普”时为1640.77万人，2010年“六普”时已达到2301.91万人，20年间全市常住人口增加了967.73万人，扩大了1.73倍，2005～2010年间，常住人口年平均增长率达到了4.12%。户籍常住人口增幅较小，从1990年的1277.28万人增加到“六普”时的1404.22万人，仅增加了126.94万人，2005～2010年间户籍常住人口年平均增长率仅为0.8%。由于人口规模快速增长，上海“九五”、“十五”、“十一五”确定的常住人口规划目标均被突破，“九五”规划目标（2000年）为1500万人，实际为1608.6万人，超过108.6万人；“十五”规划目标（2005年）为1600万人，实际为1890.26万人，超过290.26万人；“十一五”规划目标（2010年）为1900万人，实际为2302.66万人，超过402.66万人。总体上呈逐步扩大趋势。

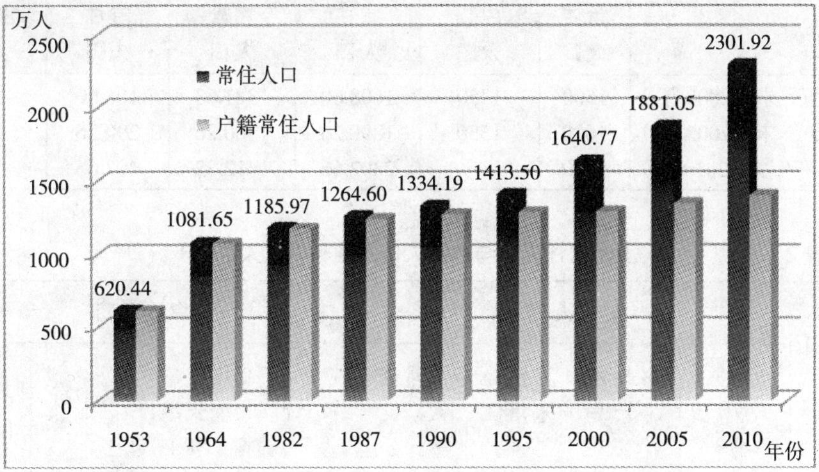

图 1 历次人口普查和 1% 人口抽样调查上海人口规模（万人）

资料来源：上海市第六次人口普查数据手册，上海市统计局，2011 年 6 月编。

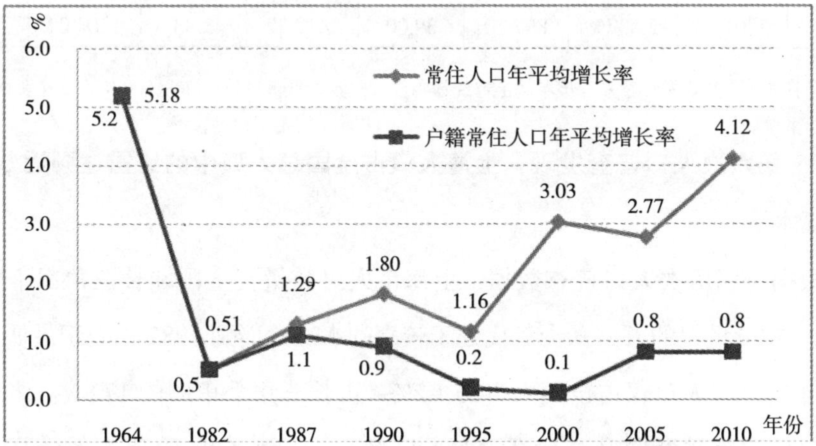

图 2 历次人口普查和 1% 人口抽样调查上海人口增长情况（%）

资料来源：同图 1。年平均增长率指一段时间内逐期增长的平均速度。

表 1 “九五”至“十一五”上海市人口规划目标数与实际数（万人）

	规划目标		实际值		差额	
	常住人口	户籍人口	常住人口	户籍人口	常住人口	户籍人口
“九五”末（2000年）	1500	1350	1608.60	1321.63	108.60	–28.37
“十五”末（2005年）	1600	1350	1890.26	1360.26	290.26	10.26
“十一五”末(2010年）	1900	—	2302.66	1412.32	402.66	—

表 2 上海常住人口与户籍人口的增长（万人、%）

项目＼人口	常住人口				户籍人口			
	小计	每5年增长率（%）	其中外来常住人口	占常住人口比重(%)	小计	每5年增长率（%）	其中常住本市	其中流出本市
1990	1334.19	—	56.91	4.27	1283.35	—	1277.28	6.07
1995	1413.50	5.94%	124.13	8.78	1301.37	1.40	1289.37	12.00
2000	1640.77	16.08%	346.49	21.07	1321.63	1.56	1295.11	26.52
2005	1881.05	14.64%	530.79	28.22	1360.26	2.92	1350.26	10.00
2010	2301.92	22.37%	897.70	39.00	1412.32	3.83	1404.22	8.10

资料来源：户籍人口数来自历年《上海统计年鉴》，其中户籍常住和流出人口按人口普查口径推算。

2. 第六次人口普查发现，上海人口占全国总人口中的比重达到近 50 年来的最高水平

根据全国历次人口普查数据，上海市人口数量在全国和长三角都市圈中的比重，在 20 世纪的五、六十年代处于较高的水准，而到 1982 年处于最低水平。1982 年的上海人口仅占全国人口的 1.2%，占长三角都市圈的 17.8%。之后，上海人口的比重逐渐回升，至第六次人口普查，达到了近 50 年来的最高水平。2010 年上海人口占全国人口的比重为 1.7%，占长三角都市圈的 22.6%，均超过了 1964 年的水平。详见表 3。

从上海都市圈占全国总人口的比重看，1990 年最低水平为 6.4%。此后，上海都市圈总人口占全国总人口的比重同样开始回升，至 2010 年上升了 7.6%，同样为近50年来的最高水平。

表3　上海和上海都市圈[①]人口规模增长变动（万人、%）

历次普查		1964年	1982年	1990年	2000年	2010年
人口数	全国	69458	100818	113368	126583	133972
	上海都市圈	5209	6654	7256	8228	10166
	上海	1082	1186	1334	1641	2302
比重	上海都市圈占全国	7.5	6.6	6.4	6.5	7.6
	上海占上海都市圈	20.8	17.8	18.4	19.9	22.6
	上海占全国	1.6	1.2	1.2	1.3	1.7

资料来源：①依据历次全国人口普查数据整理汇总。②表中全国人口指普查登记的大陆31个省、自治区、直辖市和现役军人的人口。

总之，改革开放之前以及初期，上海和上海都市圈的人口相对规模是缩减的。进入20世纪90年代以后，不论上海都市圈占全国总人口的比重，还是上海占全国总人口和上海都市圈总人口的比重，都表现为上升。这实际上是长三角地区经济社会发展历程的写照，而在长三角20世纪90年代以来的发展中，上海的龙头地位无疑得到了强化。

3. 上海人口规模在国内外城市中居于前列

首先，从国内特大城市看，19世纪后期，上海就成为中国人口规模最大的城市。近十年来，国内其他特大城市与上海人口数量比较，差距在扩大[②]。从表4看，2000～2010年的10年间，虽然上海人口的增长速度不及北京和深圳，但远远超过天津和广州，而且由于上海原有人口规模大，实际10年来人口增长的绝对数，上海仍然超过北京和深圳。因此，国内其他特大城市和上海比较，人口

① 本报告中的上海都市圈包括上海市、江苏省的南京、无锡、常州、苏州、南通、扬州、镇江、泰州等8市，和浙江省的杭州、宁波、绍兴、舟山、嘉兴、湖州6市，共15个城市。

② 虽然重庆按辖区总人口来说超过上海，第六次人口普查重庆全市人口2884.62万人，但其范围大，一小时经济圈的人口为1764.49万人，因此全国就城市化意义的特大城市，人口最多的城市桂冠仍非上海莫属。

绝对规模的差距事实上是拉大了。

表 4 上海和国内其他特大城市的常住人口增长比较（万人、%）

项目	上海	北京	天津	深圳	广州
2000 年	1640.77	1356.90	1000.91	700.84	994.30
2010 年	2301.91	1961.20	1293.82	1035.79	1270.08
增长数	661.14	604.3	292.91	334.95	275.78
增长率	37.53	44.50	29.27	47.79	27.74

资料来源：上述各城市第六次人口普查。

其次，从国际大都市看，近年来上海的人口增长也使其在世界大城市的人口位序中不断靠前。根据联合国经济和社会事务部人口司 2009 年的世界人口城市化展望的资料，2005 年日本东京以 3562 万人排列世界人口最多的大城市，印度新德里 1949 万人口位居第二，再次是墨西哥的墨西哥城、美国纽约、巴西圣保罗、印度孟买，上海排在世界第七位。按照该展望 2010 年人口预计排位，上海实际以常住人口 2302 万人超越了新德里的 2216 万人，仅次于东京的 3667 万人。

（二）来沪流动人口数量快速增加，成为常住人口规模不断扩大的首要因素

1. 上海是我国跨省人口流入的主要目的地之一

20 世纪 90 年代以来，外来常住人口绝对数量及所占比重迅猛增长，1990 年外来常住人口 57 万人，占全市人口只有 4.27%；到 2000 年分别上升到 346.49 万和 21.07%；到 2010 年则上升到了 897.70 万人和 39.00%，接近四成。

2. 流动人口平均年龄低

“六普”显示，2010 年外来常住人口平均年龄为 31.6 岁（年龄中位数为 27.9 岁），15 ~ 59 岁劳动年龄人口占 88.5%，0 ~ 14 岁少年儿童占 8.9%，60

岁及以上老年人口占 2.6%。其中，20 ~ 34 岁青年人达到 422 万人，占所有外来常住人口的将近一半（47%）。

表 5　“六普”上海常住人口与外来人口年龄结构比较（万人、%）

年龄组	常住人口		外来人口	
	总量	比例（%）	总量	比例（%）
0 ~ 14	198.5	8.6	76.6	8.9
15 ~ 59	1755.4	76.3	797.7	88.5
60 岁及以上	348.0	15.1	23.4	2.6

3. 流动人口文化素质高于全国平均水平

“六普”显示，本市外来人口中，大专及以上文化程度占 14.1%，比全国总人口平均水平的 10.1% 高 4 个百分点；高中文化程度占 16.2%，比全国水平的 15.8% 高 0.4 个百分点；初中文化程度占 52.7%，比全国水平的 43.8% 高约 9 个百分点；小学及以下文化程度占 17.0%，比全国水平低近 13 个百分点。根据公安部门统计，目前持有人才居住证的外来人口已经超过 30 万。

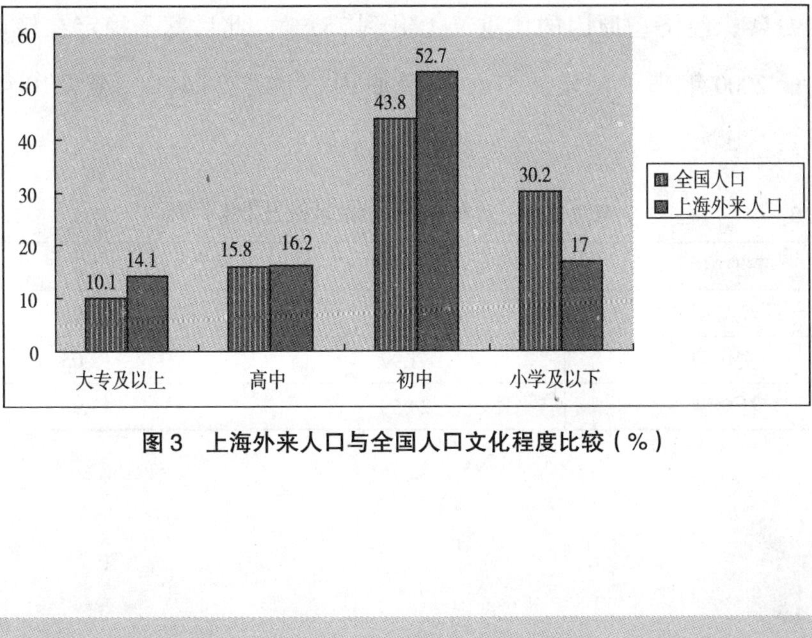

图 3　上海外来人口与全国人口文化程度比较（%）

4. 流动人口的来源地遍布全国各省（市、自治区），但主要集中在华东地区

来自于安徽的占29.0%，江苏的占16.7%，河南的占8.7%，四川的占7.0%，江西的占5.4%，浙江的占5.0%。

5. 流动人口主要分布在城郊结合地区

“六普”显示，近郊区（闵行、宝山、嘉定和浦东新区）外来人口占全市总量的53.7%，远郊区（金山、松江、奉贤、青浦和崇明）占27.0%。其中，松江、嘉定、青浦三个区外来人口超过常住人口的50%以上，闵行、奉贤两区外来人口接近常住人口的50%。根据实有人口信息系统统计，外来常住人口超过户籍实有人口的街道、镇（乡）超过50个。

6. 流动人口的来沪原因主要是经济型

在20世纪80年代前期到后期发生了以社会型（探亲访友、婚嫁随迁、寄养借读等）为主向经济型原因（务工经商、工作调动等）为主的重大转变。1984～1988年，上海流入人口中社会型原因比重由82.72%陡降至22.9%，而经济型原因比重则由6.6%迅增至61.4%。

1993年，经济型原因的比重又上升到75.6%，此后基本稳定在接近75%的水平。2000年来沪流动人口经济型原因占比重73.44%，至2010年升至79.99%。

表6　两次普查上海市流动人口来沪原因（%）

来沪原因	2000年	2010年
经济型	73.44	79.99
文化型	1.97	2.05
社会型	24.59	17.96

7. 外来劳动力已成为上海劳动力队伍的重要组成部分

2000 ~ 2010 年，10 年间全上海市常住就业人口中，外来人口所占比重由 26.7% 上升到 68.60%。

2010 年，在全市外来就业人口中，以制造业、建筑业、批发和零售业、住宿和餐饮业、居民服务及其他服务业为主，分别占常住就业人口的 61.29%、74.44%、61.95%、73.46% 和 76.51%；而金融业、教育、卫生社会保障和社会福利、公共管理和社会组织、国际组织等行业中，外来常住人口参与较少，只有部分学历较高的从事这些行业，仅占常住就业人口的 20.58%、15.52%、21.72%、3.53% 和 14.58%。

8. 流动人口就业率较高，白领比例上升

根据“六普”长表数据，15 岁以上外来人口中 87.4% 在业。外来从业人口就业的产业结构为“二、三、一”模式，第二产业就业人口的比例为 50.4%，第三产业为 47.4%，第一产业为 2.2%。据外来人口就业管理中心统计，目前参加外来从业人员综合保险的人员为 404.8 万。

流动人口的职业构成中白领人群的比例有所上升，而蓝领工人的比重有所下降。流动人口中专业技术人员、办事人员和有关人员所占比重明显提升，专业技术人员从 2000 年的 3.8% 上升到 2010 年的 8.3%。同时，城市当中外来人口从事商业服务业的比重也有较大提升。

农业、制造加工、建筑施工、运输设备操作等对体力和体能要求较高的职业类别的从业人员比重呈现一定幅度的下降，尤其农林牧渔业人员的比重显著下降，下降了 5.1 个百分点。传统上外来人口比较集中的生产、运输和其有关的职业类别从业人员的比重也减少了 3.6 个百分点。

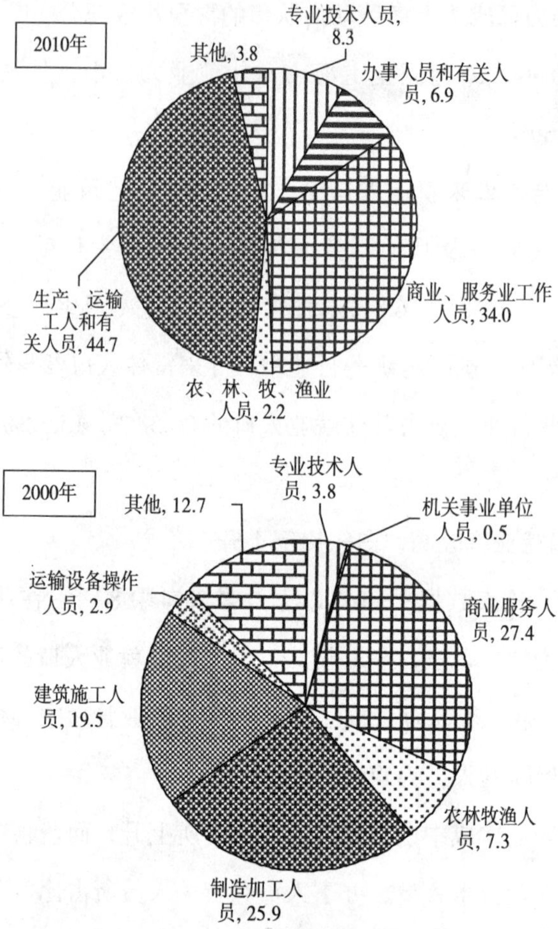

图 4　两次普查流动人口在沪从事的职业构成对比（%）

注：2000 年的“其他”包括废旧物资回收人员及其他不便归类的就业人员。

9. 租赁住房是流动人口的主要居住方式

市卫计委对来沪常住流动人口专项调查发现，75.7% 的外来人口租赁房屋居住；居住集体宿舍的比例为 11.0%；其中 7.5% 已经购买或自建了住房；少数外来人口住在工棚或寄宿在亲戚朋友处。

10. 呈现家庭式流动特征

有相当比例的外来人口将家庭成员带到了上海，或者在沪组建家庭。上海市人口计生委对来沪常住人口现状抽样调查发现，至少和一位亲属一起来沪的外来人口所占比例为63.7%；在和亲属一起来沪的流动人口中，84.4%与配偶一起来沪，43.6%带来了子女。普查也发现，0～5岁来沪幼儿超过38万。根据上海市教委统计，2010年有47万来沪适龄儿童在上海接受义务教育，占中小学在校生总量的37%左右。另据上海市民政局统计，2000年以来两地婚姻累计超过43万对。

11. 流动人口在沪居留时间趋于延长

根据第五次人口普查和第六次人口普查数据计算所得，2000～2010年流动人口按在沪居住时间分类（因数据所限，粗略地按离开户口所在地时间），在沪居留时间半年至一年的比重由27.29%下降为14.64%，下降了12.65个百分点；一年至四年的比重由49.76%上升至51.90%，提高了2.14个百分点；五年及以上比重由22.95%增至33.46%，增加了10.51个百分点。由此可以看出，在沪居留半年至一年的短期人口比重越来越低，而五年及以上长期居留人口的比重越来越高，流动人口在居留时间上明显趋于延长。

表7　　两次普查外来人口在沪居留时间（万人、%）

普查时间 / 居留时间	"五普"		"六普"	
	人数	比重	人数	比重
合计	305.74	100.00	8977000	100.00
半年到一年	83.43	27.29	1314052	14.64
1到4年	152.14	49.76	4659058	51.90
5年以上	70.17	22.95	3003890	33.46

资料来源：上海市第五次、第六次人口普查。

（三）户籍人口迁入大于迁出

随着国家户籍制度改革的推进，每年从外省市迁入上海市的户籍人口数量不断增加。1990年全市户籍人口迁入12.18万人，迁出10.72万人，净迁入1.46万人，机械增长率为1.14‰；2000年迁入15.16万人，迁出5.32万人，净迁入9.84万人，机械增长率为7.47‰；2010年迁入17.22万人，迁出4.97万人，净迁入12.25万人，机械增长率为8.71‰。由于户籍人口迁入数量远大于迁出数量，全市户籍人口保持稳定增长态势，也是常住人口规模增长的第二大因素。

表8 上海市主要年份户籍人口迁移情况（万人、‰）

年份	迁入人口	迁出人口	机械增长	
			人口	增长率（‰）
1990	12.18	10.72	1.46	1.14
1995	13.12	6.47	6.65	5.11
2000	15.16	5.32	9.84	7.47
2005	12.96	3.46	9.5	7.00
2010	17.22	4.97	12.25	8.71

（四）常住人口出生数量增加

从1993年起，上海市户籍人口自然变动进入负增长阶段，至今已经连续18年，2010年全市户籍人口出生率为7.13‰，死亡率为7.73‰，自然增长率为-0.60‰。由于流动人口大量涌入，全市外来常住人口出生逐年增加，所占比例越来越高，导致常住人口出生人数逐年增加。2004年，常住人口出生数为10.29万人，其中外来常住人口出生2.22万人，占21.57%；2010年，常住人口出生数为17.51万人，其中外来常住人口出生7.49万人，占42.78%，超过四成。流动人口出生数量的大幅度增加，导致本市常住人口自然增长率不断升高。1994～2004年期间为负增长，2005年起又重新进入正增长阶段，2010年全市常住人口出生率为7.76‰，死亡率为5.21‰，自然增长率为2.55‰。这是造成本市常住人口规模不断扩大的一个重要因素。

表 9　上海市常住人口、户籍人口自然增长率（‰）

年份	常住人口			户籍人口		
	出生率	死亡率	自增率	出生率	死亡率	自增率
2000	—	—	—	5.27	7.17	–1.90
2001	—	—	—	4.34	7.05	–2.71
2002	—	—	—	4.66	7.27	–2.61
2003	4.79	6.11	–1.32	4.28	7.52	–3.24
2004	5.72	5.75	–0.03	6.00	7.16	–1.16
2005	6.65	5.74	0.91	6.08	7.54	–1.46
2006	6.96	5.49	1.47	5.95	7.19	–1.24
2007	8.27	5.50	2.77	7.34	7.44	–0.10
2008	7.93	5.49	2.44	6.98	7.73	–0.75
2009	7.57	5.20	2.37	6.62	7.64	–1.02
2010	7.76	5.21	2.55	7.13	7.73	–0.60

注：2001 年到 2010 年数据根据统计局调整的常住人口总量重新计算。

（五）城市化进程稳步推进，城市化率持续提高

上海的城市化水平在全国历来处于领先水平。20 世纪 90 年代以来，随着上海城市建设步伐的加快以及“四个中心”功能的逐渐发挥，上海市在人口分布格局上最大的变化就是城市化区域的扩大，调整了城乡分布的格局，扩大了市区的空间范围，改善了城市发展环境。1991 年至 2000 年的十年间，本市原上海县、嘉定县、川沙县、松江县、金山县和青浦县相继撤并改建成闵行区、嘉定区、浦东新区、松江区、金山区和青浦区。2001 年，又撤消南汇县和奉贤县，建制成南汇区和奉贤区。目前，上海市只剩下崇明一个行政县建制。与此同时，全市乡镇建制也由 1990 年的 193 个乡、46 个镇和 29 个街道办事处调整至 2000 年的 3

个乡、153个镇和99个街道办事处，到2010年上海全市有2个乡、109个镇、99个街道，3661个居委、1704个村委。

上海市户籍农业人口趋于减少，而外来农业户口人数大量增加。按户口属性计算的农业人口和非农业人口比重，是传统考察人口城市化的重要指标。首先从上海本市的户籍人口看，根据上海市统计年鉴，上海户籍农业人口的绝对数和相对数逐年减少，占全市户籍人口的比重从1990的32.64%下降到2010年的11.14%，绝对数从1990年的418.89万人减少到2010年的157.37万人。

从历次人口普查常住人口分农业人口和非农业人口看，并未如户籍人口那样出现农业人口比重减少的情况，相反近20年来，常住人口中的农业人口比重还有所上升，从1990年的34.47%上升到2000年的36.93%、2010年的37.86%。20年来，上海常住人口中无论是农业人口还是非农业人口的绝对数都呈现快速增长的态势，只是农业人口的增长速度比非农业人口的增长更快点。

表10 1990～2010年上海市农业和非农业人口增长情况（万人、%）

人口 \ 年份		1990		2000		2010	
		数量	构成	数量	构成	数量	构成
常住人口	合计	1321.47	100.00	1626.04	100.00	2308.69	100.00
	农业人口	454.13	34.37	600.50	36.93	874.09	37.86
	非农人口	867.34	65.63	1026.04	63.10	1434.61	62.14
年末户籍人口	合计	1283.35	100.00	1321.63	100.00	1412.32	100.00
	农业人口	418.89	32.64	335.47	25.38	157.37	11.14
	非农人口	864.46	67.36	986.16	74.62	1254.95	88.86

资料来源：常住人口农业，非农业人口根据上海市第四次、第五次、第六次人口普查数据整理。年末户籍人口及其分类根据《上海统计年鉴》。

（六）人口密度不断上升，人口逐步向城郊结合地区转移

1. 上海是我国人口最密集的城市，随着人口总量规模的不断扩大，全市人口密度不断升高

2000～2010年，上海市的平均人口密度由每平方公里2588人增加到3631人，增加了1043人。在全国大陆31个省、直辖市中，上海市的人口密度仍居首位。以区为单位，由于黄浦、静安、卢湾区人口密度的大量减少，至2010年虹口区已经跃居为目前本市人口密度最大的区域，每平方公里为36307人，而2000年时黄浦区、静安区、卢湾区的人口密度都在40000人以上。

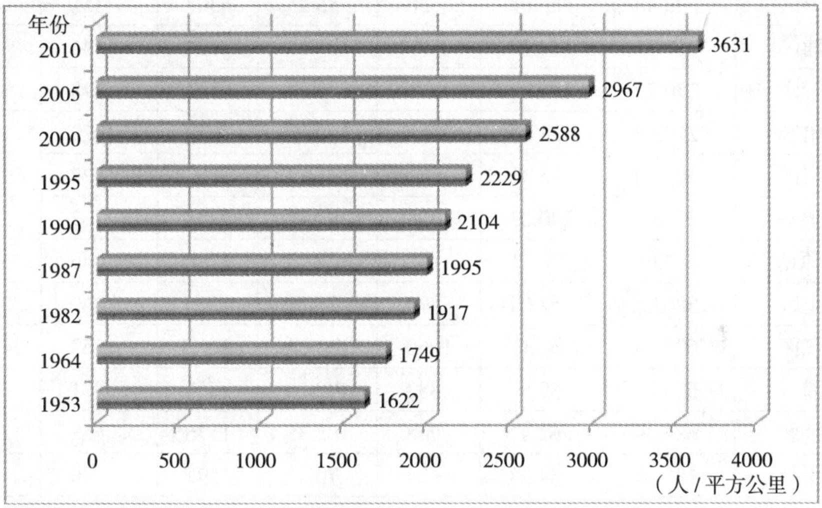

图5　历次人口普查和1%人口抽样调查上海人口密度

以区县为单位，10年间常住人口总量和人口密度变化大体分以下几种类型：一是人口总量大幅度增长的区，有松江、闵行、嘉定、青浦、奉贤区；二是人口总量增长幅度居次的区，有浦东、宝山、普陀、金山区；三是人口总量变化不大的区县，有徐汇、闸北、杨浦、长宁、虹口、崇明县；四是人口总量和人口密度降幅较大的区，有黄浦、卢湾和静安区。

表 11 上海市分区县的常住人口数和人口密度（平方公里、万人、%）

区县		土地面积	2000 年		2010 年		每平方公里增加	
			人数	密度	人口数	密度	人数	比重
全市总计		6340.5	1640.77	2588	2301.92	3631	1043	40.30
黄浦区		12.41	57.45	46296	42.99	34641	–11655	–25.17
卢湾区		8.05	32.89	40859	24.88	30907	–9952	–24.35
徐汇区		54.76	106.46	19442	108.51	19816	374	1.93
长宁区		38.30	70.22	18335	69.06	18031	–304	–1.65
静安区		7.62	30.53	40069	24.68	32388	–7681	–19.16
普陀区		54.83	105.17	19181	128.89	23507	4326	22.55
闸北区		29.26	79.86	27294	83.05	28383	1089	3.99
虹口区		23.48	86.07	36658	85.25	36307	–351	–0.95
杨浦区		60.73	124.38	20480	131.32	21624	1144	5.58
闵行区		370.75	121.73	3275	242.94	6553	3278	99.57
宝山区		270.99	122.80	2957	190.49	7029	4072	55.12
嘉定区		464.20	75.31	1641	147.12	3169	1528	95.35
浦东	原浦东	522.75	240.23	4596	381.48	7298	2702	58.80
	原南汇	687.66	78.51	1142	122.96	1788	646	56.62
金山区		586.05	58.04	990	73.24	1250	260	26.19
松江区		605.64	64.12	1060	158.24	2613	1553	146.79
青浦区		670.14	59.59	882	108.10	1613	731	81.41
奉贤区		687.39	62.43	908	108.35	1576	668	73.55
崇明县		1 185.49	64.98	624	70.37	594	–30	8.29

资料来源：根据上海市第五次人口普查数据和第六次人口普查数据。面积数为 2010 年数据，和 2000 年相比，个别区县的面积稍有变动，主要是原宝山区的横沙、长沙两岛共 144.28 平方公里已划入崇明县。本表 2000 年的人口和人口密度数据按当时分区人口和面积计算。

20 世纪 90 年代以前，上海市中心区因人口分布过密所引发的“城市病”，长期困扰着上海城市功能的发挥和人民生活质量的提高。90 年代以来，以浦东新区的开发开放为标志，上海加快了城市建设步伐，为重塑中心城的功能，实现人口的合理再分布提供了契机。尤其是近几年，随着中心城区功能的置换和城市边缘地区住宅的大规模建设，中心城区过密的人口迅速向边缘城区扩散，其数量、规模和速度前所未有。浦东新区、松江和宝山等区在先进制造业和房地产业的双重拉动下，人口集聚能力上升，人口密度增加。随着城市轨道交通体系的日臻完善和大型住宅小区建设的推进，人口居住沿轨道交通扩散和向郊区新城集聚，呈现出人口城市化和郊区化并进的发展态势。

2. 核心区人口绝对数持续减少，近郊区和远郊区人口大幅度增加

按照地理方位的不同，我们在区（县）一级的层面上，把整个上海市从中心到外围依次划分为：核心区、核心区以外的中心区、近郊区、远郊区 4 个层次。核心区，包括黄浦、静安、卢湾、虹口四个区，各区全部或大部分位于内环线以内的地区；核心区以外的中心区，包括徐汇、长宁、普陀、闸北、杨浦五个区，各区全部或大部分位于内、外环线之间的地区；近郊区，包括原浦东、闵行、宝山、嘉定四个区；远郊区，包括松江、金山、青浦、原南汇区、奉贤区和崇明县五个区县。

上海市核心区人口在 20 世纪 80 代已出现明显的下降趋势，在 1980 年至 1990 年的 10 年里，中心区人口约减少 56 万人，年均减少 5.6 万人。进入 90 年代，上海中心区人口明显减少，即由 1990 年的 278.02 万人下降到 2000 年的 206.94 万人，至 2010 年进一步下降到了 177.80 万人，整整比 1990 减少了 100 余万人，核心区的人口占全市人口的比重也从 20.84% 下降到仅 7.72%。核心区外的中心区 2000 年以后，人口增长越来越缓慢，趋于饱和，总人口占全市人口的比重 2010 年比 2000 年有明显下降。

核心区人口减少的同时，近郊区和远郊区人口大量增加。尤其是近郊区，1990 ~ 2000 年人口增加了 253.06 万人，2000 ~ 2010 年增速加快，增加了 401.96 万人，致使近郊区人口占全市人口的比重从 23.01% 上升到 41.79%。目前，近郊四区已经成为上海人口最多的区。

远郊区在 2000 年之前人口增长的步伐很慢，但是 2000 年以后人口增长明显加快，其速度甚至接近近郊区。2010 年远郊区的人口比 2000 年增长了 253.59 万人，增长了 65.41%，在全市人口中的比重也从 2000 年的 23.63% 上升到了 2010 年的 27.86%。详见表 12。

表 12　上海市常住人口数量分布的变化（1990 ~ 2010 年）（万人、%）

地区	1990 年		2000 年		2010 年		b－a	c－b
	数量（a）	比重	数量（b）	比重	数量（c）	比重		
核心区	278.02	20.84	206.94	12.61	177.80	7.72	–71.08	–29.14
中心区	399.56	29.95	486.09	29.63	520.83	22.63	86.53	34.74
近郊区	307.01	23.01	560.07	34.13	962.03	41.79	253.06	401.96
远郊区	349.60	26.20	387.67	23.63	641.26	27.86	38.07	253.59
全市	1334.19	100.00	1640.77	100.00	2301.92	100.00	305.58	661.15

资料来源：根据上海市第四次、第五次、第六次人口普查数据整理。

3. 郊区新城建设极大改变了郊区人口的集聚状态

长期以来，上海郊区城镇规模小，人口分散，20 世纪 90 年代以来，郊区普遍撤乡建镇和“三个集中”（工业向园区集中、耕地向规模经营集中、农民居住向城镇集中）。作为全市发展战略提出的郊区新城建设始于“十五”期间的“一城九镇”试点。“一城九镇”中的“一城”是指松江新城；“九镇”是指嘉定区安亭镇、宝山区罗店镇、浦东新区高桥镇、青浦区朱家角镇、金山区枫泾镇、南汇区芦潮港镇、奉贤区奉城镇、闵行区浦江镇、崇明县陈家镇。这些镇都不是区级行政中心所在地，其发展定位就是建成特色居住社区。“十一五”期间，上海市又提出“1966 城乡规划体系”。其中的“1”是指 1 个中心城，也就是外环线内的主城区。其中的“9”是指 9 个新城。2009 ~ 2010 年，上海市委、市政府提出了重点推进嘉定、南桥、青浦三个新城的总体规划优化和修编工作。考虑到全面和既往的新城建设成就，及至 2011 年初，本市明确提出了建设郊区“七大新城”的概念，宝山和闵行新城已在市区范围，不再作为新城建设提出。

从过去的10年间看，根据人口普查数据，郊区“七大新城”在各自行政区域范围内聚集的人口已经有了明显的增长，所占比重有了明显的上升。根据最新的有关规划，到2020年，“七大新城”中的嘉定新城、松江新城初步确立长三角地区综合性节点城市地位，聚集100万左右人口；浦东临港新城、青浦新城、奉贤南桥新城具备较高能级的城市综合集聚辐射功能，聚集60～80万人口；金山新城、崇明城桥新城对周边地区发展的服务带动作用明显增强，聚集20～40万左右的人口。

表13　郊区“七大新城”人口的增长与区域集聚度（万人、%）

年份 / 新城名称		松江	嘉定	南汇	青浦	南桥	金山	城桥
2000年	全区人口	64.12	75.31	78.51	59.59	62.43	58.04	64.98
	新城人口	28.72	19.50	8.67	22.79	17.27	23.94	9.47
	新城比重	44.79	25.89	11.04	38.24	27.66	41.24	14.58
2010年	全区人口	158.24	147.12	122.96	108.10	108.35	73.24	70.37
	新城人口	73.88	61.81	17.40	45.72	41.85	32.11	11.34
	新城比重	46.69	42.01	14.15	42.29	38.62	43.84	16.11
规划人口		100	100	60～80	60～80	60～80	20～40	20～40

注：新城人口范围按现行各城规范范围计算。嘉定新城含现马陆镇、安亭镇和嘉定工业区、南翔镇；松江新城含现岳阳街道、永丰街道、方松街道、中山街道、车墩镇、石湖荡镇、松江工业区；青浦新城含现夏阳街道、盈浦街道、香花桥街道、朱家角镇；奉贤南桥新城地域范围为现南桥镇、上海工业综合开发区；临港新城含现申港街道、芦潮港镇、泥城镇、万祥镇、书院镇、洋山镇、芦潮港农场；金山新城含现石化街道、金山卫镇、山阳镇、漕泾镇、化工园区、张堰镇、石化园区；崇明城桥新城含现城桥镇。

资料来源：根据第五次、第六次上海市人口普查。

（七）“老龄化”和“少子化”同时并存，人口结构性问题凸显

1. 人口老龄化程度不断提高

上海从1979年起在全国最先进入人口老龄化社会，2012年全市户籍人口中60岁及以上人口数量为367.32万人，占25.74%。如果按常住人口计算，常住人

口老龄化程度要低于户籍人口，2010年全市常住人口中60岁及以上人口为347万人，占15.1%。今后一段时间内，户籍人口老龄化速度将进一步加快，平均每年新增约20万60岁以上老年人口。到2015年，户籍人口中的老年人口比重将达到30%，2020年约为37.0%。

表14　　上海市60岁及以上老年人口数量及比例变动情况

年份	60岁及以上老年人口			
	常住		户籍	
	数量（万人）	比例（%）	数量（万人）	比例（%）
"四普"（常住1990/户籍1992）	189.11	14.17	205.83	15.98
"五普"（2000）	245.76	14.98	238.69	18.05
"六普"（2010）	346.97	15.07	323.56	23.04

资料来源：上海市人口普查资料（"四普"、"五普"、"六普"）。

2. 青少年人口比重严重偏低

2010年全市户籍人口中的0~14岁人口数量为121.7万人，比例仅占8.6%（全国18%，美国20%，德国14%，日本13%）。按常住人口计算，2010年全市常住人口中的0~14岁人口数量为198万人，比例占8.6%，同样偏低。

表15　　上海市0~14岁人口数量及比例变动情况

年份	0~14岁人口			
	常住		户籍	
	数量（万人）	比例（%）	数量（万人）	比例（%）
"四普"（常住1990/户籍1992）	243.18	18.23	227.96	17.69
"五普"（2000）	201.09	12.26	164.95	12.47
"六普"（2010）	198.29	8.61	121.69	8.67

资料来源：上海市人口普查资料（"四普"、"五普"、"六普"）。

二、现有的人口规模调控政策、效果及问题

（一）调控政策

从政策层面来看，现有的人口规模调控政策分为三个方面：一是调控人口出生；二是调控户籍人口迁移；三是调控流动人口。

1. 调控人口出生

实际上就是现行的生育政策。根据《人口与计划生育法》和《上海市人口与计划生育条例》的规定，上海市现行的生育政策是：鼓励公民晚婚、晚育；提倡一对夫妻生育一个子女；符合法律和本市规定条件的，可以要求安排再生育一个子女。目前，本市非农业户口的夫妻再生育条件有 9 种（如：一方为独生子女的；一方婚前未生育过子女，另一方婚前生育过一个或者两个子女的；等等），农业户口的夫妻再生育条件比非农业户口的夫妻多 3 种（如：一方为本市农业户口且有一方为独生子女的；女方为本市农业户口，无兄弟，其姐妹均只生育一个子女，男方到女方家庭落户赡养老人的；等等）。

2. 调控户籍人口迁移

目前，本市户籍迁移政策主要包括领养户口；军人及其家属户口；倒流户口；投亲户口；出国人员及其家属的户口；大专院校、中专学校学生户口；干部、工人调动户口；等等。2009 年，上海市政府出台了《持有 <上海市居住证> 人员申办本市常住户口试行办法》。2010 年，市政府出台了《上海市引进人才申办本市常住户口试行办法》。目前，上海市人保局审核落户的对象主要是高端人才引进、居转户以及少量上海干部、专业技术人员配偶随迁调沪等；上海市民政局审核落户的对象主要是沪籍义务兵退伍回沪落户、军转干部进沪；上海市教委审核落户的对象主要是外地生源应届大学生新生迁户入高校集体户口，其余为在沪就业的

外地生源应届毕业生进沪；上海市公安局审核落户的对象主要是支内，支边退休回沪人员及其家属、刑满解教人员、两地户口婚姻迁户以及少量领养落户等。

3. 调控流动人口

1996年，市人大出台了《上海市外来流动人员管理条例》。2002年以来，市政府相继出台了《上海市外来从业人员综合保险暂行办法》《上海市居住证暂行规定》《上海市居住房屋租赁管理实施办法》《上海市流动人员计划生育管理办法》《上海市实有人口服务和管理若干规定（暂行）》《关于外来从业人员参加本市城镇职工基本养老保险若干问题的通知》等法规、规章和规范性文件。按照目前本市的规定，来沪人员子女可以接受义务教育；来沪人员育龄夫妻享受免费基本项目的计划生育技术服务，免费获得避孕药具以及各项人口计生宣传服务；来沪孕产妇可在指定医疗机构接受实行限价收费的产前检查、住院分娩服务，同住的未成年子女可以接受儿童预防接种、计划免疫等传染病防治服务；来沪从业人员可以参加本市城镇职工基本养老保险；把在本市单位稳定就业满六个月的来沪从业人员纳入本市失业登记范围；等等。

（二）实施效果

总的来看，上海市现有的人口调控政策逐步趋于完善，执行情况良好，对于合理调控全市人口规模、确保城市运行安全起到了重要保障作用。全市低生育水平保持稳定，户籍人口呈较为稳定的缓慢增长态势，但是常住人口增长迅速。

1. 户籍迁移政策执行情况

全市根据“政策加指标”的原则处理户口迁移，按照公正、公开和公平的要求，实行定量评估、循序排队、有计划逐步迁入的审批机制，全市户籍人口呈较为稳定的缓慢增长态势，年增长基本控制在10万人左右。全市各归口部门审核迁入2008年为17.30万人，2009年为15.74万人，2010年为17.24万人。从分类情况看，高端人才引进每年1.5万人左右；外地生源应届大学生新生迁户入高校集体户口每年在5万～6万人左右；支内，支边退休回沪人员及其家属每年4万～5万人；在沪就业的外地生源应届毕业生进沪每年在1.8万～2.0万人；两地户口婚姻迁户每年三万人左右；沪籍义务兵退伍回沪落户每年约0.4万人；刑满解教人员每年1万人左右；军转干部进沪每年不到0.1万人；居转户3年来累计不超过0.3万人；还有少量的领养落户以及上海干部、专业技术人员配偶随迁调沪等。全市迁出人员2008年为4.29万人，2009年为4.77万人，2010年为4.97万人，主要是外地生源大学生毕业离沪，另有少量工作调动、移居国外等。

表16　上海市户籍人口机械变动简表（2008～2010年）（万人）

年份	全市各归口部门审核迁入					全市迁出
	人保	民政	教育	公安	合计	
2008	1.52	0.40	6.24	9.14	17.30	4.29
2009	1.65	0.52	7.35	6.22	15.74	4.77
2010	1.53	0.54	7.46	7.72	17.24	4.97

2. 流动人口服务管理政策执行情况

进入21世纪以来，全市积极构建“市级综合协调、区级综合管理、社区具体实施”的来沪人员服务和管理体制机制，稳步推进流动人口基本公共服务均等化，促进新老上海人融合发展。2010年，上海外来农民工子女享受免费义务教育比例基本达到100%。强化流动人口计划生育服务管理，免费基本项目的计划生育技术服务已经全部覆盖到在沪居住的流动人口育龄夫妻。加大对来沪人员基本医疗服务的供给，同住的未成年子女都接受儿童预防接种、计划免疫服务。2007年和2009年，上海分别把“对50万农民工开展安全生产培训”和“完成外来农民工职业技能培训10万人”列入市政府实事项目。2010年，上海开始实施“农民工技能提升三年行动计划（2010—2012）”。加强对来沪人员集中居住的规划与建设，已建成一批为来沪人员提供的单位租赁房与集中居住公寓，有效缓解了来沪务工人员的居住困难。积极促进来沪人员参与基层社区管理，在集中工作与生活区进行自我管理。以人为本的流动人口服务管理政策，进一步促进了人口流动，增加了对流动人口的吸引力，这是近年来上海流动人口快速增长的一个重要原因。值得指出的是，在市场经济条件下，跨地区的人口流动已经成为一种常态和趋势，政府对流动人口的直接调控手段越来越少，作用力日益减弱。

三、影响上海未来人口总量变动的因素分析

上海作为一个国际化的特大型城市和全国重要的经济中心，人口发展具有很强的开放性，影响人口总量变动的因素有很多。首先是外部影响因素，包括经济全球化、国际人口流动迁移、全国人口发展趋势以及人口宏观调控政策、长三角区域一体化发展等。其次是内部影响因素，包括经济发展、资源环境承载力、城市建设发展，以及人口自身再生产因等。以上这些因素相互影响，相互作用，决定了未来上海人口总量变动的方向。

（一）外部影响因素

1. 在经济全球化和世界经济竞争日益激烈的大背景下，上海人口构成的国际化特征越来越明显

作为一个正在建设和崛起的国际大都市，进入 21 世纪以来，上海的国际化步伐不断加快，在国际上的影响力越来越大，开放型经济水平不断提高，对外经济贸易发展迅速，在沪的外商投资企业、外资金融机构、跨国公司地区总部等数量不断增长，上海的国际竞争力和国际化程度日益增强。与此同时，来沪经商、工作、留学、参加各类国际交流与合作、居住和旅游等的外国人和港澳台地区人员不断增多。据有关部门统计，在沪的外国常住人口 2005 年为 10.00 万人，2007 年为 13.33 万人，2008 年为 15.21 万人。第六次人口普查时，上海有境外人口 20.83 万人，其中外籍人员 14.32 万人，占 68.73%，港、澳人 2.02 万人，占

9.70%，台湾人4.49万人，占21.57%。14.32万的外籍人士中依照来源国家的人数，最多的前五位分别是日本（20.7%）、美国（16.5%）、韩国（13.8%）、法国（5.2%）和德国（4.8%）。此外，第六次人口普查常住人口中包括半年以上的出境人员，全市共计11.66万人。

国际移民是21世纪的一种全球性趋势，跨国移民数量增长，迁移规模大型化，成为世界各地区社会转型的一个重大影响因素。根据联合国相关统计，至2010年，全世界大约有2.14亿国际移民，约占全世界总人口的3.1%，1960年这一数字仅为7500万，占世界人口的2.5%。随着全球化、工业化、城市化、市场化过程的推进，人口迁移行为进入高度活跃期，发达国家和地区以及各大城市密集区成为主要目的地。上海世博会的成功举办极大地改变了上海城市面貌，提升了国际综合竞争力。从发展趋势来看，当前和未来，上海城市发展与世界经济发展之间的关联性越来越强，开放水平和国际化程度将日益提高，同时，在沪工作、留学、交流、居住和旅游的各类境外人口将进一步增加，国际人口的比例将不断上升。

2. 基于中央对上海“四个中心”的战略定位以及全国城市化快速发展的大趋势，可以判断上海仍是我国人口的一个重要导入区

中央对上海建成国际经济、金融、贸易、航运“四个中心”的战略定位以及实现“四个率先”的发展要求，对于上海来说，是难得的重大历史机遇，将会推动上海城市经济社会的大发展和人口的进一步集聚。

从全国人口发展态势来看，全国人口总量还将进一步增长。根据国家人口发展战略，到2033年前后，全国人口达到峰值15亿人左右。与此同时，流动迁移人口规模庞大，2013年流动人口数量已经达到了2.45亿。按照人口城镇化水平年均增长1个百分点测算，今后20年将有3亿农村人口陆续转化为城镇人口。农村人口向大城市流动、中西部地区人口向东部沿海发达地区流动成为一种不可阻挡的趋势。合理吸纳人口，是上海未来10年至20年在全国城镇化进程中的重要战略任务。

国家主体功能区规划将上海列为优化功能开发区。优化功能开发区是带动全国经济社会发展、提升国家竞争力的龙头区域，也是全国重要的人口和经济密集区。根据主体功能定位，优化功能开发区要利用合理的政策导向，引导人口有序流动，促进人口年龄结构和素质结构优化，逐步形成人口与资金等生产要素同向流动机制，对有稳定就业和住所的流动人口逐步实现本地化，形成符合优化功能开发需求的大人口环境。作为优化功能开发区，上海将继续承担人口集聚的重要任务。

3. 未来的上海仍将是长三角区域的人口特大型城市和经济中心

长三角作为世界第六大都市圈，是中国经济发展最具活力、最具潜力的经济增长极，未来仍将是全国的人口导入区，并将在国家人口合理分布和城市化战略中发挥重要作用。目前，沪苏浙人口为1.56亿，约占全国人口总量的11.6%，国民生产总值约占全国的20%以上。国家卫生计生委组织开展的《长三角人口发展功能区规划研究》表明，长三角地区人口总量发展远景将达到2亿左右。随着区域经济一体化步伐的不断加快和城市化进程的加速发展，长三角区域内的人口流动性、互动性与共融性日益强化，跨城市的通勤人口数量将不断增加。上海作为长三角区域的经济核心和人口特大型城市，未来无论是经济社会发展，还是人口发展，都将与整个长三角的发展紧密联系，而且关联度越来越大。因此，要从长三角区域整体发展的角度来审视和看待上海的人口发展问题。

目前上海在长三角区域内属于强人口集聚地区，整个长三角地区的人口呈现向上海中心集聚的态势。主要是由于长三角地区各城市之间发展的不平衡性，导致城市之间吸纳人口的能力有着很大差异。但是从长远来看，这种局面将会逐步改变。随着长三角都市圈的进一步形成，特别是周边中小城市的迅速发展，区域内各城市之间经济发展水平差距将逐步缩小，净流出人口的城市将会消失，人口弱强度聚集的城市将会成为中强度聚集的城市，人口中强度聚集的城市将会成为高强度聚集的城市。

（二）内部影响因素

1. 上海经济社会持续发展对劳动力存在刚性需求，但随着经济发展方式的转变和产业结构的调整，对劳动力的素质需求将大于数量需求

发展经验表明，经济的持续发展与劳动力数量的变动一般呈正相关关系。上海经济平稳较快增长需要稳定的劳动力供给支撑。如果现行户籍政策和生育政策没有较大变动，据初步测算，上海户籍劳动适龄人口在今后较长一段时期内将呈下降趋势，2012 年为 800 万人，2018 年约为 770 万人，2028 年约为 650 万人。保持人口适度规模和较高质量的人口集聚，是上海未来发展的一个重要前提，特别是在建设“四个中心”、加快发展先进制造业和现代服务业的过程中，需要引入大量具有较高素质的各类人才和从业人员。

同时也要看到，经济发展方式转变和产业结构升级将产生人口增速趋缓和人口素质结构优化的双重效应。上海“十二五”规划纲要提出：全市生产总值年均增长率预期为 8% 左右，第三产业增加值占全市生产总值比重达到 65% 左右。上海正处于工业化后期向后工业化时期的过渡发展阶段，将加快发展高新技术产业和高端服务业，着力调整和减少传统的劳动密集型产业，形成以第三产业为主的产业格局。在劳动密集型企业转移过程中，本市外来人口的数量将随着就业岗位的减少而下降。同时，在高新技术产业和高端服务业发展的过程中，必将引入具有较高素质的从业人员，从而有利于人口整体素质的提高。

2. 城市建设对人口规模的扩张具有一定的约束作用和引导作用

城市建设包括交通、邮电、供水供电、商业服务、文化教育、卫生事业、房地产开发等市政公用工程设施和公共生活服务设施等，是城市赖以生存发展的一般物质条件。城市建设是人口变动的结果，随着人口规模的不断扩张，城市建设步伐也不断加快，各项基础设施逐步完善。

城市建设对人口规模的扩张具有一定的约束作用。如果人口总量超越了城市基础设施所能承受的极限，就会导致城市安全隐患，冲击正常的生产和生活，产生“城市病”。上海城市建设大规模改造之前，曾一度以“住房紧张、交通拥挤”而著称，限制了人口的持续导入和人口规模的扩大。而随着城市建设规划的实施，尤其是交通网络体系、房地产建设的发展，基础设施的服务能力增强，人口规模得以大幅提升。

纵观上海近年来城市建设和人口规模的发展，2000～2010年间，上海道路长度和居住房屋面积不断增长，常住人口总量也不断上升。可见，上海城市建设和人口规模还处于正相关关系时期。但是也要看到，上海大规模城市建设已经基本完成，城市建设领域对于外来流动人口的需求将逐步减少，随着上海经济的发展，居民的住房需求不断增强，人均居住面积快速提高，在住房建设总量一定的情况下，住房建设对人口承载能力的约束性作用将越来越突出。

城市建设对人口规模的扩张还有一定的引导作用。如果中心城区的轨道交通、房地产建设等不断完善和便利，却并未向外发展，城区的人口规模就会不断膨胀；如果城市建设突破中心城区，向郊区拓展和延伸，就会引导人口向外扩张，从而降低中心城区的人口规模，提高郊区的人口密集度。

3. 优质公共服务资源对外来流动人口的吸引作用不断增强，同时，在少子化和老龄化的双重作用下，城市生活服务业和社区对流动人口的需求日益增加

调研表明，上海良好的社会治安、公平的就业环境以及较好的公共服务，都是吸引外来人口来沪居留的重要原因。在流动人口大量聚居的城郊社区，流动人口及其子女已经成为基层卫生公共服务机构和幼教资源的主要服务对象。流动人口表示，为了孩子有机会接受良好的义务教育也要留在上海。可以预计，随着本市特别是郊区公共服务服务资源配置的不断加强，必将带来“福利拉动型”的人口流入。

上海是全国第一个进入人口老龄化的城市，目前的人口老龄化程度已经接近西方发达国家水平，高于全国一倍。在少子化、老龄化和家庭小型化的背景下，本地年轻劳动力不断减少，家庭传统的养老和服务功能减弱，城市日常运行、社会服务行业、家政服务业和社区等对外来流动人口的依赖性越来越强，刚性需求不断增加。

4. 未来一段时期内，上海人口的生育水平仍将远远低于全国水平，人口出生对于人口总量增长的影响作用并不大

国际上一般认为，一个国家和地区的总和生育率保持在 2.1 的更替水平，最有利于经济社会可持续发展以及家庭的和谐稳定。目前，全球的总和生育率为 2.6，西方发达国家平均为 1.7，美国为 2.1，英国为 1.9，日本为 1.4，中国为 1.6 ~ 1.8。上海目前的生育水平在世界上处于超低水平，2009 年为 0.83，远远低于国际平均水平，仅相当于全国水平的一半不到。

随着独生子女群体陆续进入结婚和生育时期，符合政策生育第二个孩子的数量将越来越多,户籍人口总和生育率将有所回升,但幅度不大。有关抽样调查表明，上海独生子女群体的生育意愿平均为 1.35 个。1987 年，上海就已经在全市农村实施“单独”政策，“单独两孩”政策启动实施后，在短期内有可能出现人口出生上升的情况，但不会出现大量反弹。上海的总和生育率在全国仍处于最低水平。

据测算，今后较长一段时期内，户籍人口死亡数量仍将大于户籍人口出生数量，户籍人口自然增长率仍将保持负增长态势。但是，由于流动人口出生数量的不断增加，将使全市常住人口自然增长率继续保持正增长态势，相对于户籍人口迁入数量和跨省人口流入数量来说，人口自然增长对于全市人口总量增长的影响作用有限，仍处于第三位。

四、关于上海城市人口最大承载量的判断

人口最大承载量是指既顺应全国城镇化加速发展的趋势，又满足自身发展

需求，与城市资源环境、基础设施和公共服务等的承载能力相匹配和平衡的人口最大容量，核心是一个城市受资源环境约束到底能够吸纳多少人口。城市人口承载量与诸因素相关，涉及城市经济水平、社会生活、资源水平、生态环境和实力需求等诸多方面。其中，有些因素无法定量描述，或无法预计；有些因素对人口承载量的影响是通过其他因素间接产生，缺乏独立性；还有些因素如燃气、天然气的供应量等，在目前情况下对上海人口增长的制约性不大。考虑测算指标的可描述性和上海人口发展的现实状况，从土地资源、淡水资源、生态环境、基础设施建设、住房建设和城市规划等六个方面来分析上海未来人口的总量极限。

在测算过程中，首先采用单因素分析法，确定各项指标在目前规划和未来发展等不同条件下的“可能值”，并以纽约、伦敦、东京、巴黎等主要发达国家大都市和中国香港、新加坡、首尔等亚洲新兴工业化国家或地区的大都市作为参照，确定“满意值”（即承载标准），依据“可能—满意度”法分别测算各项指标对应的人口总量极限。最后综合各单项测算结果，根据“木桶”原理，判断受内部因素制约的上海未来人口总量极限。

1. 土地资源的不变性和可变性对人口总量的支撑

如果根据上海国土规划，2020年建成区面积扩展到2924平方公里左右，按照目前集约化用地的要求，以同类国际大城市的人均占有量为参照标准，以人均建城区面积125～134平方米作为承载标准，根据公式“人口容量=总建筑面积/人均建筑面积”可得，上海人口容量的极限约为2200万～2300万人。如果能够改变发展模式，调整上海陆域面积的用地结构，参照东京、纽约等城市建成区占整个市域面积的标准，则建成区面积可达到市域面积50%～60%，即3200～3800平方公里，按照同样的参照标准，人口容量的极限可达到2500万～2800万人。

2. 淡水资源的不变性和可变性对人口总量的支撑

近几年上海实际用水量每年约 110 亿立方米，根据城市总体规划，2020 年全市规划需水量 146 亿立方米。其中，由公共供水企业供给的居民生活用水和非工业用水为 22 亿立方米；工业用水总量为 88.5 亿立方米（包括直接从江河取水部分）；农业用水为 11.4 亿立方米。实际上，水资源规划供应量是按照规划人口规模来确定的，目标是满足 2000 万人口的用水需求。

上海是河口型城市，有丰富的过境水资源，淡水资源供水主要受制于水质处理能力。如果今后能通过与长江流域管理机构协调，加大长江新水源的开发力度，加强黄浦江上游水源地保护，有效治理水污染，减少人均生活用水量，那么未来上海淡水资源支撑 2800 万 ~ 3000 万人口是可能的。

3. 生态环境的不变性和可变性对人口总量的支撑

上海环境污染主要包括大气、噪声、气候、水、固体废弃物污染五个方面。其中，可描述性较强且与人口总量关系较密切的是固体废弃物中生活垃圾的数量，随着城市建设的发展和生活水平的提高，生活垃圾问题将日益突出。课题主要分析上海垃圾处理能力与人均垃圾产出之间的关系，以确定生态环境所能承载的最大人口容量。根据规划，到 2010 年，上海垃圾处理能力要达到 2000 万公斤 / 日，按照每年 3% 的增长率，2020 年可以达到 2700 万公斤 / 日。参照纽约、东京、香港等国际大都市的人均垃圾产出量，并考虑上海经济发展水平和消费习惯，以每人每天产生 1.2 ~ 1.5 公斤为承载标准，根据公式“人口容量 = 日垃圾处理能力 / 日垃圾产生量”可得，上海人口承载能力约为 1800 万 ~ 2300 万人。如果能够有效实现生活垃圾处置“减量化、资源化、无害化”，到 2020 年垃圾处理能力提高到 3000 万公斤 / 日（以东京中心城区垃圾处理能力 2.1 万吨 / 日为参照标准，结合上海建成区面积估算），同时人均垃圾产量减少到 1.0 ~ 1.2 公斤 / 日，人口承载能力可以达到 2500 万 ~ 3000 万人。

4. 基础设施建设的不变性和可变性对人口总量的支撑

交通是反映城市发展水平的一个重要指标，也是基础设施建设中的一项基本要素，在大城市中交通对人口总量的制约性日益突出。根据上海市综合交通规划，到2020年建成21条左右有轨交通，总长超过1000公里，中心城区日客运量达到1200万～1300万人次，郊区日客运量达到800万人次。全市地面交通客运量达到1400万人次（包括出租车）。根据上海居民人均出行次数和采用公交方式出行比重情况，比照纽约等国际化都市，取每日人均出行次数为2.6～2.8次，采取公交方式出行的比率为45%～55%，根据公式“全市公交日客运量＝市区轨道交通日客运量＋郊区轨道交通日客运量＋地面交通日客运量”、“人口容量＝全市公交日客运量/（人均出行次数 × 采取公交出行比率）”可得，上海人口承载能力约为2200万～2800万人。如果能进一步加快交通体系尤其是轨道系统建设，使公交客运总量达到4000万人次/日，在承载标准不变的情况下，上海人口容量可达到2500万～3400万人。

5. 住房建设的不变性和可变性对人口总量的支撑

上海居住用地比例较高，约占建成区面积的45%，根据城市住宅规划标准，城市住宅用地占建成区面积的20%～32%，考虑600平方公里中心城区住宅密度高，参照纽约等国际大都市标准，按占地30%计算，其他地区（建成区面积按2900平方公里计算，则除中心城区外为2300平方公里）住宅面积按建成区面积20%计算；中心区住宅容积率取2.0，其他地区取1.0。根据公式“城区居住面积＝城区建设用地 × 住宅用地比例 × 容积率”、“总居住面积＝中心城区居住面积＋其他建成区居住面积”可得，总居住面积为82000万平方米。参照纽约、伦敦、东京、香港等城市人均住房面积情况，考虑上海实际，如果上海人均住房面积达到35～40平方米，则人口承载量为2000万～2300万人；如果将人均住房面积控制在25～30平方米，则可达到2700万～3200万人；如果建成区面积突破2900平方公里规划，即使人均住房面积达到35～40平方米，人口承载量也可达到3000万以上。

6. 城市规划的不变性和可变性对人口总量的支撑

按照“1966”的城镇规划体系，即建设“1个中心城区、9个新城、60个新市镇和600个中心村”，中心城区的规划人口约为850万～900万，每个新城的规划人口为30万～50万，每个新市镇的规划人口为10万～15万，每个中心村的规划人口为1000～3000，那么上海总人口承载量约为1800万～2400万人。如果能够突破目前规划，进一步调整人口分布格局，考虑将中心村人口增加到3000～5000，新市镇人口增加到15万～20万，其他按照目前规划上限，则人口承载量可以达到2500万～2800万人。

表17　不同因素约束下的人口承载量（万人）

约束条件	现有规划条件	未来发展可能
土地资源	2200～2300	2500～2800
淡水资源	2000	2800～3000
生态环境	1800～2300	2500～3000
基础设施建设	2200～2800	2500～3400
住房建设	2000～2300	2700～3200
城市规划	1800～2400	2500～2800

综上所述，如果按照现有规划、当前标准和现实情况来计算，制约上海人口承载量的短边因素主要为生态环境，上海人口承载量为1800万～2300万人；如果能够突破现有规划和某些政策条件，同时改善生态环境和居民生活方式，则制约上海人口承载量的短边因素为土地资源，即城市建设用地规模，上海人口承载量可达到2500万～2800万人。

根据对影响上海城市人口总量的内外各要素综合考虑，对未来人口总量极限大致可以得出两种预期判断，较为保守的预期是：上海人口总量规模极限分别为2300

万（低方案）、2500万（中方案）、2800万（高方案）；较为开放的预期是：上海人口总量规模极限分别为2500万（低方案）、3000万（中方案）、3500万（高方案）。

五、上海人口规模调控面临的突出问题

（一）人口总量持续增长超过预期，资源、环境、城市建设和日常运行面临巨大压力

上海是一个资源紧缺型城市，城市发展、日常运行和保障所需的资源能源基本上都依赖外部供给。由于跨省流入人口和户籍迁移人口的不断增加，全市实有人口、常住人口、户籍人口规模均呈持续增长态势，城市发展既面临着资源、环境"短板"的"硬约束"，也存在基础设施建设进度与人口快速增长难以配套的"软约束"。由于人口规模不断膨胀，导致城市基础设施处于超负荷状态，城市运行风险增大，加大了城市社会管理难度，人流高度集聚点的安全问题凸现。

（二）以户口为前提的利益分配制度给户籍迁移政策的执行带来巨大压力

长期以来，住房、教育、医疗、劳动用工就业等福利保障的设计与实施均以户口为前提，"上海户口"的含金量不言而喻。据市公安部门介绍，为追求社会的认可度及附着在户籍制度背后的利益，因各种原因大量要求将户籍迁入本市的人员逐年增多，造成近年来户籍迁移工作压力巨大，因此而产生的各种社会舆论和纠纷诉讼不断。据统计，由于历史原因，上海在不同历史时期均有大量人员支援全国建设，到目前为止，这些外支人员中要求回沪落户的还有约60万人；因上海市户籍人员与外省市户籍人员结婚而要求夫妻投靠迁入户口的也在逐步增加，2003年上海市登记的异地婚姻为30895对，至2010年达到46481对，占当年婚姻登记总数的36.8%；此外，每年希望在上海就业落户的高校毕业生、外省

市人才与进沪就业落户的指标逐年减少情况形成突出矛盾，一定程度上也影响了城市对高素质、急需人才的引进。

（三）“新二元结构”问题突出，已经成为特大城市发展中面临的一个重点和难点问题

“新二元结构”是指城市内部非户籍人口与户籍人口之间，在经济收入、公共服务、社会保障等方面因制度缺失导致的发展差异，是传统“城乡二元结构”跨区域的延伸和表现。来沪人员已经成为上海城市建设和经济社会发展中一支不可缺少的重要力量，但是来沪人员的持续快速增长，特别是在来沪人员集聚区域，公共服务资源紧张、城市管理压力巨大、社会治安形势严峻以及群体性矛盾风险积聚等问题较为突出，成为影响社会稳定和谐的重要隐患。由于户籍身份不同所导致的一系列制度安排差异仍然存在，本市户籍与非本市户籍人员之间在教育、医疗卫生、社会保障、就业、居住、计划生育奖励与扶助、参与社会管理等方面依然存在着较大差距。新生代农民工更加渴望市民身份认同、待遇平等及融入城市，给上海解决“新二元结构”提出了新的考验和挑战。

（四）中心城区人口密度过高、郊区密度过低，落差悬殊的格局没有得到根本性扭转

人口密集是上海城市的一个显著特征，但是，这种密集主要表现在中心城区人口过度集中，从而引发了许多问题。由于中心城区人口过于密集，导致住房、交通、就业日益紧张，教育、卫生等公共服务供不应求，制约了城乡协调发展和市民生活质量的提高。中心城区人口总量过大、与郊外人口分布落差过于悬殊这种严重不合理的分布结构，已经造成中心城区人口拥挤和人口总量规模的恐惧症。人口向郊区转移的动力不足，主要原因是城乡二元结构导致中心城区与郊区农村间发展差距过于悬殊；城镇建设和新建住宅区的综合服务功能还欠成熟；过远的交通路程和通勤成本制约了户籍人口向郊区转移。工作跟着产业走，居住跟着房屋走，如何协调好人口布局、产业布局、住宅布局三者之间的关系，是上海“十二五”城市规划和新一轮建设发展必须考虑和谋划的重大问题。

（五）老龄化与少子化问题进一步突出，优化人口年龄结构任重道远

“十二五”时期，上海人口老龄化将进入快速上升期，预计户籍60岁及以上老年人口平均每年净增20万人左右，“十二五”末老年人口数量将达到430万人左右，占总人口的28%左右；若按常住人口预测，则为20%左右。从2013年起，新增老年人口中80%以上将为独生子女父母。与此同时，0～14岁人口占户籍总人口比例从90年代起持续下降，“十一五”末，已降至8%左右，少子化现象进一步凸显。“十二五”时期户籍劳动年龄人口（16～59岁）数量开始步入下降期，城市发展将更加依赖流动人口的导入。人口老龄化与少子化的同时并存，将给上海经济社会的可持续发展带来深刻的影响，主要表现为：本地劳动力短缺现象加剧，人口抚养比上升，养老、医疗等社会保障压力加大，独生子女家庭的养老功能弱化，社区养老服务需求和压力增加，人口活力和经济活力下降，等等。

六、人口规模调控的政策框架和主要政策建议

（一）政策框架

从世界范围来看，特大型城市人口变动出现了两种情况：一种是人口流入、流出趋于相对平衡，高层次人才集聚，人口规模相对稳定，主要是发达国家的特大城市，如纽约、东京、伦敦等；另一种是人口无序流动、盲目集聚，陷入过度

城市化和城市贫困化，最典型的就是拉美地区，还有印度孟买、加尔各答。“拉美陷阱”的根本原因在于人口无序流动，政府无为而治，缺乏导向性规划和管理政策，缺乏预警机制和干预措施，导致城市人口规模过度膨胀。当认识到问题严重时，已经无法扭转局面。

“三个坚持”：当前和未来一段时期内，上海人口规模调控要按照中央对上海发展的战略定位，立足于国家人口发展战略和长三角一体化发展。一是坚持调控人口规模与转变经济发展方式、优化产业布局、推进城市建设、保护生态环境、加强社会管理、完善公共服务等相结合；二是坚持调控人口规模与提升人口素质、改善人口结构、优化人口布局并举，控制人口，广纳人才；三是坚持政府调控和市场调节相结合，综合运用法律、经济、行政、规划等措施，加强人口综合调控。

“三个转变”：一是从城市规划、城市基础设施建设被动应付人口增加，向主动预期人口增长态势和规模、实施前瞻性的规划思路转变；二是从单纯依靠行政行为控制人口向行政手段和市场调节相结合的思路转变；三是推动上海从人口特大型城市向人力资本强市转变。

“三个目标”：一是人口规模得到合理控制。远近结合、合理规划、稳妥推进，使上海特大城市人口规模与经济发展阶段、城市建设和服务管理、资源环境承载能力相适应。二是人口布局得到调整优化。中心城区人口密度进一步降低，人口在城乡之间和区域之间合理分布，人口布局与城市形态、城镇体系、区域功能和资源环境协调发展。三是人口结构得到不断改善。合理吸纳上海发展所需要的年轻人才和人力资源，改善人口年龄结构，降低人口老龄化程度，弥补劳动力短缺，增强人口活力和经济活力。

基于以上“三个坚持”、“三个转变”和“三个目标”，上海人口规模调控的政策框架由“三个方面”组成。

首先是人口总量调控政策。一是生育政策。调节总和生育率、人口出生、人口自然增长。二是户籍迁移政策。调节户籍人口迁移、户籍人口机械增长。三是流动人口政策。调节来沪流动人口。

其次是与人口总量调控相关的人口政策。一是人口分布调整优化政策；二是人口结构改善政策；三是人口素质提升政策。

再次是与人口总量调控相关的发展规划和经济社会政策。一是城市发展总体规划以及土地利用总体规划、郊区新城和新市镇规划等各类专项规划；二是产业政策；三是就业、社会保障、教育、医疗卫生、住房保障等政策。

（二）主要政策建议

1. 加强城市规划调控，充分发挥城市规划在调控特大城市人口规模中的先导作用

坚持规划引导，在编制城市发展总体规划时，统筹考虑人口规模、人口结构和人口分布与资源环境的承载能力、基础设施建设和公共服务资源之间的匹配，立足人口增长的高方案来规划未来城市的建设与发展。中心城规划、郊区新城和新市镇规划、产业园区规划、土地利用总体规划、各类专项规划及重点地区、重大项目规划都要以人口为基本参数，作为资源配置和公共服务的基础依据。

2. 加快转变经济发展方式，充分发挥市场和经济杠杆在人口规模调控中的基础性作用

坚持“以业控人”，以产业调整推动人口总量调控，通过转变经济发展方式和产业结构优化升级来调控劳动力需求。大力发展先进制造业和现代服务业，加快转移低端劳动密集型产业，减少对低端产业劳动力的依赖。充分发挥市场、产业在人力资源的数量和结构配置中的决定性作用，进而使人口规模与以服务经济为主的产业结构相适应，形成产业、就业、居住与人口管理良性互动机制，有效控制特大城市人口增长的速度和规模。

3. 有计划控制户籍人口机械增长，稳步实施居转户制度

按照国家户籍制度的改革方向，进一步完善本市户籍迁移和管理政策，按照“政策加指标”的原则，不断完善定量评估、循序排队、有计划逐步迁入的审批机制，合理调控户籍人口机械增长。年度户籍人口增量优先满足上海“四个中心”建设紧缺、急需的高端人才和技能型人才落户需求。逐步化解户籍迁移的历史遗留问题（支内支边退休回沪、两地户口婚姻及其子女落户）。进一步完善引进人才申办本市常住户口的制度。搞好居住证与户籍的衔接，不断完善居住证转办常住户口的制度。

4. 推进居住证积分化管理，进一步完善来沪人员居住证制度

居住证积分化管理就是将现行的人才类、就业类和临时类等居住证整合为一个综合体系，并由过去按条件分类向按积分分类转变，建立按积分段划分居住证类别的规则。

居住证积分，是根据来沪人员综合素质和实际贡献情况，科学设定评分指标体系，将个人素质、参保情况、技术创新、担任职务、荣誉称号、社会公益等条件进行指标量化，并对每项指标赋予一定的权重分值。积分累积到一定分值后，即给予其申请上海户籍的资格。积分管理，可以灵活地根据上海城市经济社会发展的需求，动态调整对应积分指标的权重，从而达到政策引导的效果。

5. 着力解决“新二元结构”问题，引导流动人口合理有序流动

强化流动人口的服务和管理，通过政府引导和市场选择，形成人口“有序流入、理性流出”和“以证管人”、“以房管人”、“以业管人”的联动格局。建立以居住证为基础的分层、分类、有梯度的来沪人员公共服务制度，根据流动人口的来沪年限、参保情况、纳税记录等情况，提供相应类别和水平的公共服务；以质量提升为重点，完善来沪人员计划生育、子女教育、医疗卫生等服务。以提升覆盖面为重点，做好来沪人员社会保障。建立面向来沪人员的公共就业服务体制框架。加大公共租赁房的建设力度，满足来沪就业人员的基本居住需求。强化居住房屋租赁管理，加强联合执法，集中整治违法建筑、“群租”等突出问题。加快改造“城中村”，并规范农村租赁住房，引导流动人口“大杂居、小聚居”。致力于推动人口构成多元化背景下的融合发展，使新老上海人在融合中发展，在发展中融合。

6. 合理调节户籍人口出生，重点控制流动人口出生，保持人口自然变动低增长

按照国家统一部署，进一步完善本市生育政策，合理调节户籍人口出生，改善人口年龄结构，促进人口长期均衡发展，使常住人口自然变动保持低增长或者零增长态势，避免因常住人口出生反弹而影响城市人口规模调控目标的实现。

7. 构建“1966”城镇体系，实施人口发展功能区战略，优化人口空间分布，化解人口总量持续增长的压力

借鉴国际大都市发展经验，立足于长三角城市群发展和国家战略实施，构建“1966”城镇体系基本框架，即：“1个中心城、9个新城、60个左右新市镇、600个左右中心村”。

在市域范围内实施人口发展功能区战略，产业发展、城市改造、社会事业发展、交通建设等要与人口分布优化目标同向同步。调控中心城人口规模，实行“双增双减”方针，合理确定住宅开发容积率，严格控制中心城蔓延。推动中心城与郊区的联动发展，大力推进郊区新城建设，加快连接中心城与郊区的大容量快速交通设施建设，建立引导城乡人口合理分布的利益调节机制，引导人口向新城和新市镇集聚。

8. 优化人口结构，提升人口素质，促进人口规模调控

用好有限的人口增长空间，根据经济社会发展需要，在适度、有序地调控常住人口总量的同时，引入25～35岁劳动黄金年龄段的人口，填谷平峰，减缓人口老龄化程度，弥补劳动力不足，增强发展后劲。完善政策，提升人才吸引能力和高端人才集聚度。按照建设“四个中心”的目标，鼓励企业和社会力量共同参与，改进现行的教育、培养机制和结构，大力培养和集聚经济、金融、贸易、航运等领域的高层次科技人才、高层次管理人才和高技能人才，推动上海从人口特大型城市向人力资本强市转变。

9. 适应经济市场化、人口多元化和国际化的新形势，加强和创新社会管理，完善公共服务体系

城市规划、城市建设、社会管理和公共服务要适应人口多元化的发展趋势，不仅要统筹考虑以户籍和居住时间来划分的人口群体，即户籍人口、常住人口、实有人口；而且要重视以经济和社会功能来划分的人口群体，即白天人口、晚上人口、通勤人口、商务人口、旅游人口。

积极借鉴国际先进经验和通行做法，改进和完善城市人口调控、社会管理和公共服务，不断提升国际化水平，不断增强上海在国际上的影响力、吸引力和竞争力。

10. 加强城市建设、运行安全及生产安全，确保特大城市健康发展

公共安全是城市的命脉。要着力构建“政府、市场、社会和公众”四位一体、互联互动的城市安全体制、机制和管理。重点聚焦人流高度集聚点的安全问题、易造成重大社会影响的安全问题。大力培育公共安全文化，提高全社会对城市公共安全的认识、意识和知识。理顺各级各业的应急管理体制；健全党委领导、政府负责、社会协同、公众参与的应急救援机制；完善城市运行安全的法律体系，强化执行力和执法监督检查；强化各类保障措施，全面提升上海抵御突发风险的能力。

报告四

特大城市人口调控政策研究——上海的问题和对策

苏杨 张冰子 周成武*

在各大城市的人口调控中，上海无疑具有代表性：既是中国人口最多的城市，也是新世纪以来中国人口增长最快的城市之一。数以千万计的常住人口和每年数以十万计的新增人口，在保持了这座城市的人气和活力的同时，也使城市的某些方面不堪重负。如何在人口均衡发展这个大目标下实现上海人口的总量控制和结构②优化，使这座越来越大的城市让越来越多的人生活更美好？这是城市管理者乃至居民都不得不去考虑的人口问题，也是国家近期若干重要文件的要求。为此，我们从辨析上海人口的真问题入手，研究上海人口管理的两个挑战，然后在评述上海既有人口政策的基础上，根据上海未来的发展目标，提出了人口调控政策建议。

---

* 作者单位：苏杨、张冰子，国务院发展研究中心社会发展部；周成武，上海浦东新区发展研究中心。

② 需要说明的是，本报告在笼统叙述人口的结构时是广义的，即这个“结构”包括了人口的性别、年龄、学历、收入及其地理空间分布，是与数量（包括总量和增量）相提并论的研究维度，本研究报告标题中的“结构”也是广义的。但在专门研究人口某一方面的特征时，“结构”则主要指人口的性别和年龄，其他方面则具体归属到人口的分布和质量等维度中。

一、上海人口发展的主要问题和当前面临的挑战

（一）上海人口发展的主要问题

相当数量的公众、媒体乃至学者、官员认为，上海的人口总量是人口发展的主要问题。我们认为，上海并没有人满为患，上海的人口总量和结构，目前在大多数情况下正是上海的活力所在，未来调控得当的话，还将成为上海实现“四个率先”[①]、建设“四个中心”的优势之本。

得出这个判断，主要基于以下认识：上海市近些年的人口变化，无论在数量上还是分布上，均更多地体现出中国大城市人口增长的共性，流动人口在城市经济社会建设和人口均衡型发展中功不可没。上海的“城市病”的主要成因，不是全行政区的人满为患，而是中心城区的人挤为患。已经有2000多万常住人口的上海只要措施得当，完全可以不用行政手段直接控制人口规模，且城市更加宜居。从这个角度出发，数量问题尤其是总量问题，不是上海人口发展的主要问题，人口结构和分布的不合理才需要重点关注。

（二）上海人口管理面临的两个挑战

基于前述判断，并考虑到上海的流动人口既是上海的活力所在，也是上海的负担所在，我们认为上海人口管理面临两个方面的主要挑战：首先是如何促进社会融入，破解新二元结构，合理有序地增强上海对各方面劳动年龄人口的吸引力；其次是如何优化人口布局，促进人口的多中心分布，以缓解“城市病”和推动城

① 指“要把率先转变经济增长方式作为全面落实、自觉实践科学发展观的中心环节。要把率先提高自主创新能力作为全面落实、自觉实践科学发展观的战略举措。要把率先推进改革开放作为全面落实、自觉实践科学发展观的体制保障。要把率先构建社会主义和谐社会作为全面落实、自觉实践科学发展观的重大任务”。其中，通过包容性增长实现上海人口的均衡发展显然是构建社会主义和谐社会的题中应有之义。

乡一体化。

1. 如何破解新二元结构

新二元结构是上海未来保持活力和使更多人生活得更美好的重要障碍，这个挑战具体体现在“缺人手”和“难融合”两方面。

①上海有“缺人手”之虞。由于生育水平过低，再加上户籍制度的限制使人口入户迁移规模很小，上海市的户籍人口增长缓慢，而且老龄化程度严重。户籍人口中的新增劳动力早已不能满足经济发展的需求，经济增长严重依赖于外地劳动力，一旦劳动力流入减缓，势必影响到上海的经济发展。上海的缺人手之虞可从流量危机、存量危机两方面详述。

首先，我国劳动力的绝对数量将会下降，整体劳动力数量的下降无疑会影响上海的人口流入。尽管上海是过去十年我国人口增长最快的城市之一，但劳动力的流入速度在“十二五”期间也已经开始下降，在某些行业、某些区域也出现了“民工荒”现象。而且，上海周边省市和中西部地区的发展都使得人口的流向发生变化。从人口输出的角度讲，江苏、浙江、安徽、四川等地长期以来都是上海流动人口的主要输出地，这些地区经济的增长无疑会减少该地居民外出打工的意愿。而从对人口的吸引力而言，南京、杭州、苏州、宁波等周边城市经济的快速发展和相对较低的社会融入门槛对流动人口的吸引力较大，对流动人口流入上海形成一定的截流效应。这两者共同形成了流动人口流量上的危机。

其次，由于流动人口在享受社会保障等公共服务方面仍存在很多障碍，举家迁移的比例较低，这一方面增加了人口流动的不稳定性。另一方面也使得流动人口不得不与父母、子女等亲属分离，家庭生活被破坏，提高了家庭照料的难度，因此，部分流动人口开始选择返乡。这是流动人口存量上的危机。

总之，存量危机和流量危机的存在，对于上海这样严重依赖外来劳动力的地区而言，使得缺人手成为上海未来发展在人力资源上的首要挑战。

②外地人难变上海人。随着上海城市的发展和流动人口的涌入，上海的社会

也在逐渐多元化，流动人口社会融入的愿望也在提高，但上海面临不同人群间的三重社会分隔问题，可以形容为外地人变为上海人的“三重门”。

第一，本地人与外地人的身份分隔。虽然目前以户籍为主要标准的公共资源分配方式已经有所改变，但外地人在社会保险、子女教育、公租房和廉租房申请以及就业机会等方面仍然存在着差异。

第二，不同人群间存在着就业分隔。上海市外来流动人口主要是经济型人口，即打工者。这部分人群的社会阶层流动存在困难，一方面，工人通常需要进行长时间的体力劳动，且收入较低，无力进行人力资本的积累；另一方面，其在享受相关公共服务上也与本地人有较大差距，且其收入使其几乎不可能购买商品房。这种情况下，打工者凭借自身力量很难实现向上的社会流动。

第三，随着城市的改造和扩张以及房价的上涨，居住的分隔也日益明显，笼统说起来，就是“越穷住得越远”。旧城改造使得很多城市其收入群体迁往城市的外围，而市中心高昂的房价使其成为了中高收入阶层的聚集区。

可以说，以上的三重分隔虽然角度不同，但都形成了外地人难变上海人的门槛。

2. 如何优化人口分布

中国的城市区别于许多发达国家的城市：城市是行政区，其范围远远大于公众习惯作为城市看待的中心城区建成区[①]。例如，上海市是中国城镇化程度最高的省级行政区，但其市域面积仍然是其中心城区建成区面积的5倍左右：上海市域面积6340平方公里，全部是平原，从可用于城市建设用地的数量来看，在全国的大城市中也名列前茅；但上海的人口空间分布不尽合理，仅约1200平方公里的中心城区的建成区却集聚了超过1600万常住人口，人挤为患，而且远郊的

① 严格控制特大城市人口规模应表述为控制特大城市中心城区的建成区的人口规模。如果不在这种提法上纠偏，就可能忽视城市人口发展的真问题，并降低城市全域发展的活力。为此，本报告用“大上海”和“上海城”来区别这两个空间范围。

城市新组团（卫星城）发展仍然缓慢，城市的扩张方式仍然基本属于“摊大饼”，交通拥堵、环境污染等“城市病”在全国的大城市中也比较突出，这使优化上海人口分布成为又一个重大挑战。

①上海太挤。说上海太挤，实际上是指“大上海不满、上海城太挤”。

与纽约、香港和东京这几个重要的国际大都市相比，上海全市人口密度好像不高。2010 年全上海市人口密度为 3632 人 / 平方公里，只相当于纽约的 34%、香港的 58% 和东京的 61%。但这种人口密度不高与我国城市的特点有关：城市是有级别的行政区，市域面积显著大于真正可以作为城市看待的建成区面积，而城市人口则主要分布于建成区中。这样，尽管上海市的面积比世界许多大都市都大[①]，但真正的上海城市之挤却远胜于发达国家的多数大都市。这可从以下几组数字得到佐证。

从中心城区人口密度来看，上海中心城区面积为 289 平方公里，平均密度为 2.4 万人 / 平方公里，香港九龙和香港岛总面积为 127.5 平方公里，平均密度为 2.6 万人 / 平方公里，而纽约布朗克斯、布鲁克林区和曼哈顿区总面积为 353.6 平方公里，平均密度为 1.6 万人 / 平方公里。而如果比较核心区的人口密度，香港的九龙、纽约的曼哈顿分别是这些城市人口最为稠密的地区，且面积分别为 47 平方公里和 59.8 平方公里，与上海的核心区面积相当，而人口密度为 4.3 万人 / 平方公里和 2.68 万人 / 平方公里，上海核心区人口密度为 3.4 万人 / 平方公里，排名居中。而以人口密度高著称的东京，其 2187 平方公里的面积中与上海的中心城区形态相仿的是面积近 622 平方公里的 23 个特别区，这些特别区呈现出人

① 仅从行政区意义上的上海市而言，上海辖区面积广阔，其辖区面积相当于纽约的8倍、香港的5.7倍和东京都的3倍，而人口总数也相当于这三座城市的2.7、3.5和1.8倍。因此，上海的一个突出特点是辖区面积大，这个面积不仅远大于这三座城市的市政府管辖范围，甚至与这些城市所属的都市圈面积相近。例如，纽约大都市圈New York—White Plains—Wayne地区，共计1920.86平方英里（4975平方公里），这一地区不但包括纽约市，还包括纽约州的Rockland，Westchester等郡和新泽西州的Bergen，Hudson，Passaic 等郡，也远小于上海市域面积。

口密度相对接近的特征，平均人口密度仅为1.4万人/平方公里。通过这样的比较，可以说，真正可以作为城市看待的上海市的人口密度相当高，这种人口密度使得市中心资源、环境、交通的压力非常大，相关”城市病”治理起来相当难。

②上海也在“摊大饼”。上海城市规模的扩张仍然延续了单中心蔓延的扩张模式(即所谓“摊大饼”)①，主要人口仍然过度集聚在中心城区。无论从人口分布、人口密度变化，还是从基础设施建设情况和优质公共服务资源分布情况看，上海仍然是典型的单中心结构②，且越到外围，优质资源越少。

对于上海这个人口规模巨大的城市而言，多中心发展更为必要。但目前，单中心的超大城市仍是中国大城市发展的一个突出特点。这并不是说，城市管理者没有意识到这种结构的问题。回顾既往二十年的发展，上海与北京一样，在卫星城和新城建设上着力不可谓不早、力度不可谓不大③，但客观效果仍然是大上海

① 从严格的地理学角度而言，只有城市单中心各向均匀扩张才是真正的“摊大饼”。但相关研究说明（潘竟虎、韩文超：《近20年中国省会及以上城市空间形态演变》，自然资源学报，2013年第3期），我国的大城市在最近20年的高速发展期，从空间形态变化上看，多数城市的形状大都介于正方形与矩形之间，只有少数城市形状为菱形、星形、H形或X形，城区往往趋向于少数几个方向扩张。“摊大饼”式的扩张不多见。但北京、上海、成都等以多重环路来“标注”城市建成区发展范围的城市，则呈比较典型的“摊大饼”发展态势。

② 必须看到，上海的人口均匀化分布在全国的大城市中做得较好。近10年来，上海人口分布呈现中心城区人口减少、郊区人口增加趋势，这与上海城市建设和产业结构调整有密切关系。随着生产型企业逐步向工业园区、高新技术产业区集中，大量就业人口向市郊流动，并把自己的生活区也转移到工作地附近。同时，郊区卫星镇建设初具规模，而中心城区则形成以商业和办公为主区域，居住人口逐步向外转移。但是，这种均匀化分布的力度和速度都不够，且不是“全天候均匀化”，从郊区到中心城区的通勤人流仍然流量很大，中心城区的过度集聚仍然普遍存在且在白天更加严重。而且，远郊的卫星城，从集聚人口和产业的角度看，基本没有发展起来。

③ 上海市早在“九五”时期就提出了这样的思路，其后政策思路越来越系统。例如，《上海市国民经济和社会发展第十二个五年规划纲要》的第五节“调整优化产业布局”中提出了两方面思路：首先是产业均匀布局方面的。“适应服务经济发展新趋势，立足促进城乡一体化发展和提高产业集聚效应，推动产业在市域空间内合理布局。推动服务业集聚发展。着力提升中心城区核心区商务楼宇的综合功能，合理利用原有工业用地和老厂房，大力推进现代服务业集聚发展。加快内外环之间地区的产业结构调整和转型升级，重点发展高技术服务业和生产性服务业”；其次是产城联动发展方面的。“依托产业基础、资源禀赋和新城，在郊区加快建设一批现代服务业集聚区”。

仍在从内向外“摊大饼”[①]。上海市着力发展的卫星城，其效果都不如意：远郊地区条件好、发展空间大的卫星城，如临港新城，缺少人气，基本没有达到集聚人口和产业的效果；近郊地区则已呈现出和中心城区连绵发展的态势，环绕在中心城外环线以外已形成了5~10公里宽的连绵带，涉及北至杨行、顾村、南翔，西至徐泾，东、南至外环线附近的广大地区，已经被“摊进大饼”中。但这些区域的功能仍然不独立，就业人群和上学人群仍然要在近郊和中心城区之间形成潮汐式交通。概括起来，上海的卫星城没有使城市形成多中心结构，人口拥挤、交通拥堵、环境污染、住房困难等典型的“城市病”也在呈放射状扩张。

从以上分析的问题、特点和挑战中容易发现这其中的共性：对于上海这样在区域经济发展中占据核心地位的大城市而言，城市经济和人口发展的问题和主要挑战都在于如何统筹协调流动人口管理。流动人口对上海利弊互现：作为一个近四成人口为外来人口且户籍人口长期保持超低生育水平的城市，上海的经济和社会发展对外来人口有较大程度的依赖，户籍人口的年龄结构老化严重，城市发展必须依靠流动人口人力资源；但另一方面，流动人口的激增使得上海市人口总量提早突破了城市规划目标，近十年的常住人口平均增长率超过了3%，其中超过90%是流动人口。急剧增加的人口显著加大了城市资源承载和运行保障压力，引发了交通拥堵、住房紧张、环境污染等“城市病”，给城市管理者带来了巨大的挑战。因此，上海人口管理面临的主要问题是如何实现外来人口的社会融合，充分发挥其对上海经济社会发展的促进作用；在这个过程中，为了兴利除弊，应该促进其有序流入并合理分布，降低其对城市资源和公共服务的压力。

从这方面来看，放眼全国，可以发现上海的人口问题和挑战在其他大城市也

① 这可从以下数据中窥见一斑：城市用地呈现“外延式增长”，目前上海全市的建设用地已接近2020年规划用地的上限指标，其中，工业用地占到33%，远高于国际城市15%~17%的正常比例，城市建设尤其是住宅建设可利用的土地越来越有限；市区建成面积已经达到1500平方公里，但城市空间结构亟待优化，外环线已形成5~10公里宽的连绵带，这一情况以宝山和闵行最为突出，浦东和嘉定也呈中心向四周蔓延式发展状态。

普遍存在，且这些城市如何应对挑战，将成为全国众多正在接近这样规模和发展水平的城市的样板。但上海市的个性特点使得其总量控制和结构优化管理必须有针对性，即在流动人口超高速增长中，必须对其结构和分布进行重点调控，这样才能在包容性增长的氛围中兴利除弊，让全市人民的生活更美好。

二、上海既往解决人口问题的对策评述和相关政策障碍分析

应该说，上海市在人口总量调整和结构优化时的思路一直是明晰且基本合理的①，上海在解决人口问题时积累了不少经验，在调整人口的某些要素上行之有效。但也有一些对策，实施的效果远离初衷，甚至强化了某些“城市病”。当然，大多数对策达成的是这样的效果：在政策推进的主要方向上达成一定效果，但尚未完全解决问题。

（一）通过户政改革促进了社会流动，但在促进举家迁移上不力

上海市的人口管理政策，不仅随着国家相关政策的变化有过多方面调整，上海市的流动人口管理政策也随着上海社会经济的发展而不断个性化地调整着，其中重要的政策总结于表1。

表1　上海市流动人口管理的部分政策法规（1985 ~ 2006年）

名　称	发布时间（年）	制定单位
《上海市流动人口寄住户口管理试行办法》	1985	市政府
《上海市暂住人口管理规定》	1988	市政府
《上海市收容遣送管理条例》	1991	市人大常委会
《上海市促进专业技术人员和管理人员流动的暂行规定》	1992	市政府

① 例如，《上海市国民经济和社会发展第十二个五年规划纲要》中明确“加强人口总量调控，优化人口结构布局”，“引导人口向新城、小城镇、大型居住社区集聚”，“加强人口综合服务，健全实有人口、实有房屋全覆盖管理服务机制，逐步实现居住地服务和管理”。

续表

名　称	发布时间（年）	制定单位
《上海市引进人才实行工作寄住证的暂行办法》	1992	市人事局
《上海市单位使用外地劳动力管理规定》	1993	市政府
《上海市蓝印户口管理暂行规定》	1994	市政府
《上海市流动人口卫生防疫管理规定》	1994	市政府
《上海市流动人口计划生育管理暂行规定》	1994	市政府
《上海市外来流动人口管理类条例》	1996	市人大常委会
《上海市外来人员就业证管理试行办法》	1996	市劳动局
《上海市外来流动人员租赁房屋治安管理办法》	1998	市政府
《上海市外来人才工作寄住证实施办法》	1998	市人事局
《上海市外来流动人员计划生育管理办法》	1998	市政府
《引进人才实行 <上海市居住证> 制度暂行规定》	2002	市政府
《上海市外来从业人员综合保险暂行办法》	2002	市政府
《上海市人民代表大会常务委员会关于废止 <上海市收容遣送管理条例> 的决定》	2003	市人大常委会
《上海市人民代表大会常务委员会关于停止执行上海市地方性法规设定的若干行政许可事项的决定》决定停止执行“单位使用外地劳动力的审批”（《上海市外来流动人员管理条例》第二十一条、第二十二条第一款）	2004	市人大常委会
《上海市人民代表大会常务委员会关于停止执行上海市地方性法规设定的若干行政许可事项的决定》决定停止执行“房屋租赁治安许可证的核发”（《上海市外来流动人员管理条例》第十四条）	2004	市人大常委会
《上海市居住证暂行规定》	2004	市政府
《上海市居住房屋租赁管理实施办法》	2004	市政府
《<上海市居住证暂行规定> 实施细则》	2004	市发改委、市公安局、市人事局、市劳动保障局等
《关于维护上海市建筑业农民工合法权益的若干意见》	2006	市建设交通委
《持有 <上海市居住证> 人员申办本市常住户口试行办法》	2009	市政府

目前，就上海市而言，人才居住证持有者在人口特征上与其他流动人口有着明显区别，其经济社会地位相对于其他流动人口具有明显的优势，但普通居住证与临时居住证以及无居住证的流动人口并没有十分显著的福利差异。从全国的情况看，根据 2005 年 1% 人口抽样调查数据，非农户籍流动人口的教育水平、职业声望都与本地居民近似，在收入水平上甚至更高。也就是说，虽然阶梯性地赋予流动人口权利的模式已经形成，但这一阶梯的可攀登性较差，处于中低层的流动人口很难从中得到实质性的上升机会，因而可能会导致新的身份隔离和福利断层。

总结起来，尽管居住证制度在赋予流动人口市民化平等权利上有所进展，但从目前流动人口的状况和户籍改革的实践来看，能够进入上升通道的流动人口大多受过良好教育，有一定专业技能或财富积累，而绝对数量不少的农业户籍的流动人口的工作和生活境况则明显较差①。户政改革使社会各阶层之间的流动性增强，但为数众多的中低收入打工者仍然难以举家迁移到上海。

（二）通过新城发展促进了人口均匀分布，但强化了职住分离

上海是我国第一个提出通过新城发展促进人口均匀分布的城市：早在 20 世纪 40 年代末编制的中国大城市第一部现代总体规划“大上海都市计划”中就提出了中心城区和卫星城结合发展的理念。上海市政府亦通过一系列的规划和政策促进了城市的产业和人口向郊区转移。而城市人口分布的郊区化与城市功能定位的转变、城市地产价格的上升、市政设施的完善以及人们生活观念和方式的改变也密不可分。可以从以下三个方面详述这些规划和政策。

首先是渐趋合理的产城同步发展政策设计，即中心城区的产业转移和郊区工

① 如前所析，尽管在北京和上海这样的城市，其流动人口的身份构成与全国流动人口的总体存在差异（北京和上海的流动人口中属于城际间流动的超过1/4，远远超过全国平均水平），但这两个城市的农民工在绝对数量上仍然数以百万计，且在中心城区以外仍然是数量比例上的绝对主体。

业发展的相关政策。1959年《上海市总体规划草图》及《关于上海城市总体规划的初步意见提纲》就提出上海工业布局调整的基本思路是："逐步改革旧市区，严格控制近郊工业区的规模，有计划地建设卫星城镇"①，从70年代开始，新建、扩建的大中型骨干企业大部分都被安排在卫星城和工业区内；80年代开始将污染严重而与周围居民矛盾突出的企业实行治理或搬迁，1984年筹建了第一个市级经济开发区，此后各县成立了一系列开发区；90年代则明确提出"退二进三"，同时确认了建设"国际经济、金融、贸易、航运中心之一"的目标，在中心城区着力发展现代服务业，而郊区则更多的发展制造业，形成产业联动发展，为上海郊区发展先进制造业、推进产业结构升级创造了条件。这种政策在上海有些地方已经初见成效，如周浦镇就是一例。但这种政策在有些地方也难言成功，如城市发展条件更好的临港新城，产和城的发展都很缓慢，更无法实现联动。

第二，大力推动旧城改造和促进房地产业发展的政策。从20世纪90年代开始，上海加快了中心城区老住宅的拆迁、重建，大量的动迁户迁往位于城郊的动迁配套商品房。中心城区动迁配套商品房一般位于郊区，促进了大量人口的转移。1990～1997年中心城区的93个街道调查显示，人口绝对减少的有52个，共减少74158万人②。而房地产开发规模的扩大和房价的上升也推动了人口郊区化的速度，上海市商品房成交均价由2001年的3058元上涨到2010年的14213元，其中中心城区涨幅更为明显。受地价上涨和土地规划的影响，核心区新建商

① 对市区工厂采取保留、过渡、迁并三种办法，按相对集中、三级（工业区、工业街坊、工业地段）处理的要求，调整工业用地布局；依据大分散小集中、利用原有基础、每个卫星城以某个专业为主的原则，规划建设嘉定、松江、川沙等17个卫星城，其中近期建设闵行、吴泾、安亭、松江、嘉定、北洋桥等6个卫星城。同时，把近郊工业区调整为9个：钢铁工业区为吴淞蕴藻浜及周家渡，化工工业区为桃浦和高桥，机电工业区为彭浦，精密仪器工业区为漕河泾，建材工业区为长桥，修造船工业区为东沟，综合工业区为北新泾等。

② 张善余：《进一步推动人口合理再分布》（上海市科学技术委员会软科学研究项目子课题）2000年，转引自张水清、杜德斌：《上海中心城区的职能转移与城市空间整合》，《城市规划》，2001年12期。

品房的明显下滑，2001 年上海全市新增居住面积 1289 万平方米，其中核心区占 48.7%，而 2009 年全市新增居住面积 3015 万平方米，其中核心区只占 14.5%。

第三，基础设施建设和公共服务向城市外围地区和郊区拓展的政策和项目安排。首先是交通条件的改善拓展了市民的生活范围，至 2010 年末，上海市公路和城市道路总里程 16687 公里，公路网总长度已近 1.2 万公里，轨道交通已有运营线路 12 条，总长度 452.6 公里，基本形成了覆盖全市的地面公交网络，全市公交站点 500 米服务半径覆盖率达到 80% 左右，郊区行政村公交通达率达到 95%。地面公交线网与轨道交通衔接更加紧密，城市外围地区和郊区的交通出行条件有了一定程度的改善。其次，教育、医疗等公共服务在全市范围内的均等化也有了一定进展①：上海从 2009 年正式启动在郊区新建三级综合医院的“5+3+1”工程②，旨在实现郊区每个区县配置至少一所三级公立综合医院，目前金山医院已经投入使用。2011 年共在城郊结合地区新增 30 所义务教育学校，促进区域内优秀教师合理流动，推动义务教育首先在各区县实现均衡发展，并要求“十二五”期间每个新城都至少新增一所示范性优质高中。

但与一些发达国家的大城市相比，上海人口郊区化政策实施效果却难言尽善尽美，远郊卫星城仍然没有发展起来③，尤其因为政策配套不完善，使职住分离现象更趋严重，对城市交通、城市环境和居民生活都造成了负面影响：大量流动人口和“新上海人”聚集到郊区，主要受房价和拆迁配套房的影响，因此，郊区形成的大规模的居住区多为社会的中低层，且大多数人居住和工作分离。而城市

① 但也必须认识到，这是公共服务资源的均等化而非优质公共服务资源的均等化。

② “5”即在浦东、闵行、宝山、嘉定4个区分别引入长征医院、第六人民医院、仁济医院、华山医院、瑞金医院等5家三级医院优质医疗资源；“3”是对崇明、青浦、奉贤3个区县的中心医院，全方位加强医院人员配置、技术水平、硬件设施的建设，经评审通过后提升为三级医院；“1”是迁建金山医院。

③ 可举一例来说明：临港新城是上海新一轮城市总体规划中确定的重点新城之一，新城远期规划面积74平方公里，规划人口60万人，2010年规划人口15万人。但目前流动人口1万～2万人，常住人口才以千计。

的上中层则向城区新建商品房集中，同时那些未改造石库门等老式居住区则聚集了大量外来人口和城市贫民且居住条件恶劣。因此，上海的这种人口郊区化实际上是外来人口大量流入和房价上升造成的挤出效应共同作用的结果，居住在城郊更多是一种“被迫”的结果，而不是“主动”的选择。也正是因为如此，郊区交通、教育、医疗等公共服务乃至商业配套设施建设通常都滞后于人口集聚进程，从而加剧了市郊居民出行难、就医难、就学难等问题，并最终导致远郊卫星城难以大量集聚人口，难以真正发展起来。

（三）既有政策实施效果不佳的障碍分析

多年来，上海在人口管理方面的政策效果，常常是某些方向有所改善而总体不尽如人意。必须认识到，出现这种情况，往往不是或不主要是政策设计不完善，而是政策不配套或者存在政策空缺，使基层地方政府和相关从业者在人口调控过程中有利益损失，从而形成了障碍。

从人口分布优化的政策而言，上海市中心城区密度过高的问题初步得到了缓解，但人口迁往并生活到郊区却并非易事。这是因为郊区发展起来的新城功能并不完整：不仅缺少优质产业支撑（从居民的角度而言就是优质就业资源），也缺少优质公共服务资源。这样，即便郊区人口大幅增加，其生活状态也不是独立的，仍然需要借助市区资源，结果形成了老城区和郊区之间的潮汐式大流量通勤。上海市政府在产业布局均匀化上有过较多努力，也初见成效，但郊区人口的“定居化发展”还需要优质公共服务资源，市政府对郊区的相关转移支付不够，对领导干部绩效考核中相关指标的考虑不足，郊区基层地方政府也因此很难大力配合落实人口分布均匀化的相关政策部署。

总结起来，由于政策和制度不配套、不系统，对上海的基层地方政府来说，就是人口增多、地方无利。例如，从钱的角度看，财政转移支付与人口布局不对应是普遍问题——郊区人口集聚加重了人口导入地财政负担，但上级政府的转移支付对这种负担考虑不够。这种情况导致的结果之一就是地方政府不愿要人口，结果之二就是新城的功能不完整导致居民并没有在分布上被“全天候优化”①。

从事的角度看，如果不是既有公共服务资源在空间上重新布局而只靠新建机构的话，也会面临很多难题：一些基层政府好不容易筹到了钱，又面临土地和教育资源问题。等到这些问题解决、学校建了起来，一个更大的困难在于，到哪里去招这么多素质较高的教师。按照目前的情况，上海根本来不及培养足够的教师力量。为了解决这个问题，上海市采取了"老带新"等制度，即全市统筹义务教育师资资源，中心城区一个成熟学校带几个郊区学校，有的重点中学被安排到郊区建几个分校，谋求共同发展和成长。即便这样，基层地方政府还因为资源有限很难把事情做好，毕竟优质公共服务资源（包括教育、卫生等）必须靠市政府统筹调配才可能在全市范围内均匀化。换言之，要在人口导入区规划建设“市级层次”的教育、医疗、文体等公共服务，形成“市级层次”公共服务资源在空间上“跳跃”式布局，这样才真正有助于实现优质公共服务资源均匀化②，才可能从根本上形成多中心、组团式的发展，缓解潮汐式通勤现象。

三、上海人口总量控制和结构优化的系统调控方案

上海人口总量控制和结构优化方案应放在国家新型城镇化政策的大背景下设计和完善，应聚焦“促进有能力在城镇稳定就业和生活的常住人口有序实现市民化”。

未来几年，是我国达到全面小康之时，也是上海在全国率先实现现代化的关

① 指上海的新城居民中的多数并不在新城内就业、就学、就医，其仍然需要通过中心城区的资源才能满足这些方面的需要。这造成上海中心城区人口白天黑夜数量比较高，中心城区和新城间潮汐式交通压力巨大。换言之，人口并没有真正实现分布优化。

② 浦东新区发展研究中心副主任周成武认为，目前，上海人口分布未能形成“多中心”格局的根本原因，就是“市级层次”公共服务资源“拥挤”在市中心。

键阶段；但上海目前“城市病”沉疴在身，城市的发展也亟待优化人口要素。无论为这个大目标还是为这个小目标，上海的人口尤其是人口结构和分布必须优化。具体说来，调控应当进行包括理念、制度、政策统筹的顶层设计。

从理念而言，上海市的人口调控，应当遵循城市发展规律和国家政策主流，应当在包容性增长的理念下，促进人口与经济社会的协调发展。调控人口规模主要通过经济手段——以业控人，即不直接“管”人口而着重“融”人口，在人口融入中使人口成为与上海经济社会发展规模和方式相适应的人力资源，以逐步实现：来上海就是上海人，大上海遍布小城镇。

从制度而言，通过以“人口增多地方得利”为方向的制度调整，改变现在发达地区只要“人手”不要“人口”的政策倾向。推进相关领域的配套改革，包括调整领导干部政绩考核体系、财税体制和规划体制，建设信息共享、管理联动的人口信息决策平台等。

从政策而言，上海人口总量和结构优化的要旨是：包容性增长的社会政策和“大集中、小均匀”的规划政策并举。首先是完善社会融合政策、破解新二元结构，使上海人口永葆青春活力①。这主要通过完善居住证制度、公共服务、社会保险政策和试点调整计划生育政策来实现；其次是促进城市的多中心发展，实现人口合理布局。其要点在于产城同步发展和优质公共服务资源的均匀化，使郊区新城不仅仅定位于中心城区的补充，而将其发展为具有完整的就业市场、多样化的居住空间和优质的公共服务的具有相对独立性的城市，使超大城市通过合理规划形成更大范围的组团式发展、优质公共服务资源均匀分布的局面，使以中小城市跨城流动城镇人口和农业转移人口②为主体的上海流动人口平等共享发展机会，

① 多个发达国家的经验都说明，经济规模最大或者发展最迅速的城市，其人口年龄结构显著优于这个国家的人口年龄结构。

② 党的十八大报告以“农业转移人口”替代“农民工”称呼，将他们看作与城镇原住民一样的城镇“常住人口”，并要求基本公共服务全覆盖。

以根治人口拥挤、交通拥堵、环境污染、住房困难等“城市病”。

（一）以提供均等机会和基本社会保障为核心，破解新二元结构

1. 完善居住证制度

完善居住证制度的核心首先是尽量将外来人口纳入到城市管理体制中来，基本思路应是按照权利与义务对等的原则，阶梯式、差别化地赋予权利。实行梯度赋予权利的改革，就是要将居民权利的获得方式从原来的“门槛式”过渡到“阶梯式”。具体来说，是使原来的“高门槛、一揽子”获得所有权利的方式过渡到“多台阶（进入）、渐进式（享有）”，即淡化户籍作为唯一的权利门槛的功能，找到其他体现权利与义务对等的替代性管理手段，逐步稳妥地赋予相关权利。目前，上海的居住证制度改革已经有了很大的进展，但我们下一步改革还应重视如下问题。

第一，居住证的改革应更多以劳动者对上海的实际贡献为主，这些可以跟工作年限、缴纳社保年限、缴纳税收的年限等挂钩，使得流动人口不会因为一些不易改变的身份条件而丧失向上流动的机会，更使得上海的劳动力市场更加规范化，也减少以享受公共服务为主要目的的人口流动。

第二，放宽普通居住证和临时居住证的申领条件，并进一步提高普通居住证和临时居住证的含金量，才有可能使得上海市的居住证制度真正形成阶梯式的服务和管理模式。

第三，积极发挥企业在户政管理中的作用。可以采用税收、社保减免等手段鼓励企业，特别是中小企业参与到户政管理中来，企业也可以借此稳定员工队伍，形成政府、企业、员工三方受益的局面。

2. 提高社会保险和公共服务在人群之间的公平性

第一，进一步扩大社会保险的覆盖面。目前，上海市已经基本实现了社会保险的全覆盖，但对于外来非就业人员的保险覆盖相对薄弱。我们建议，上海市应及早考虑针对流动人口非就业人员的补充保险，可以采用规定等待期等方式防止

道德风险，但需确定合理的费率标准以真正起到社会保护网的作用。

第二，目前社会保险的碎片化问题已经得到了一定程度的缓和，但在人群间仍存在一些差异。应该在单位和员工协商的基础上，允许外来农业户口劳动者选择不同的保障水平。

第三，教育机会的均等是实现发展机会均等的重要前提条件，教育也是目前社会融合的焦点领域。这方面，上海已经在全国有所领先，只是相对于上海是吸引全国人民的中心城市而言，这个领先程度不够。我们认为外来人员子女入读公办学校是社会融合的重要推动力。公办学校可以成为联系不同人群的一个紧密纽带，通过校内外的互动，家长及学生都有了更多机会了解不同人群，减少不同群体间的隔阂，此外，就读公办学校而不是专门为外来人口设立的学校，有助于保证优质教育资源在不同群体间的均衡分配。

第四，积极拓展外来人口子女进入高中阶段教育的通道。一方面应该加大对于职业教育的宣传力度，另一方面，拓展中职教育毕业生就业和继续深造的途径，完善中、高职教育贯通培养模式，发挥校企联动在培养应用型人才上的优势，对于中职学生给予一定的教育补贴，从而改善目前中高等教育不平衡的现状，培养一批具有满足上海市产业需求的职业技术人才，优化上海市的劳动力结构。此外，异地高考政策的出台已经纳入规划，上海作为人口流入的密集城市，又有大量的优质高等教育资源，应该及早规划高中的改扩建，特别是在流动人口密集的区域，以应对可能到来的就学人口增加。

（二）以促进城市多中心发展为核心，实现人口合理布局

1. 新城建设应从建立完整的劳动力市场、多样化的居住空间和与实现老城区大体均等的公共服务入手

从上海的城市规模和人口特征看，上海市只有将新城建设成具有独立经济、社会功能的城市，形成人口、就业、居住的多重中心，才能在真正意义上缓解城

市中心区的人口压力。要使新城真正能够分流城市人口，首先要使得新城所提供的就业机会是多样的和有层次的（即不同教育程度、职业背景和收入期望的人都能有一定的就业空间）。其次，要使得新城的居住空间多样化，这需要在主城区新建和保留一定规模的廉租房、公租房以及居住条件有基本保障的出租房，使得那些收入较低的劳动者能够在城市中心有容身之地。这样一方面使得职住分离的压力减轻，减轻交通压力，另一方面，新城也可以摆脱作为卧城的定位，使得新城的房价上涨压力得到缓解，也有助于进一步降低新城的营商成本。第三，新城必须要配备完整和质量较高的公共服务，如教育、医疗、文化设施等，缺乏优质的公共服务必然使得城市缺乏吸引力。

2. 城市规划和公共服务的布局要起到引导人口的作用，而不一味地被动满足人口的需要

对于微观主体而言，离城市中心越近就越容易得到优质的经济和社会资源，这是“摊大饼”式的发展模式最重要的内在动力，因此政府在城市规划和公共服务布局上应该起到引导人口的作用，促进人口向新城集聚。因此，我们建议，首先，在公共交通的设置上，远郊到城市中心的公共交通线路，应该更多采用从远郊区中心镇到城市中心地带或边缘地带的点对点式交通模式，减少中间站点。这样一方面可以提高速度，节约从远郊到城市中心区的交通时间，另一方面也可以在一定程度上削弱“摊大饼”式城市发展模式的动力。第二，在某些具有带动作用的大项目落户时，投资方往往愿意在距离城市中心更近的地方选址，而城市规划和项目的审批部门应该充分考虑到其发展的潜力，打造新的人口聚集点。第三，行政中心的迁移是促使人口重新分布的重要动力[①]。尽管行政中心的迁移会带来

① 由于我国的特殊国情，政府在资源配置上掌握极大的权力，从国内的经验看，行政中心的迁移往往能够很快地促进人口流向的变动。比如，青岛市政府在1994年就率先迁至东部新区，彼时东部新区几乎是一片荒地，而目前东部则是青岛市的商业和金融中心。而上海的南汇和浦东合并后，原临港新城由于丧失了行政中心的支持，周边的房地产和商业的发展速度明显放慢。

额外成本，但在目前的体制约束下，也不失为一种促进人口合理分布的途径。

（三）以“人口增多地方得利”为原则统筹调整相关政策

1. 促进地方政府因人口增加而获得经济和政治上的支持

中央城镇化工作会议提出，建立多元可持续的资金保障机制。强调完善地方税体系，逐步建立地方主体税种，建立财政转移支付同农业转移人口市民化挂钩机制。本质而言，这就是一种“人口增多地方得利”的政策倾向。就上海而言，促进人口和公共服务能力向郊区倾斜，一方面要改变财政转移支付的模式，另一方面应使得基层政府的税源更多来自本辖区范围内针对常住居民的个人收入和财产性的税收，此外还要使得吸纳外来人口稳定就业和居住成为地方政府重要的政绩。这些方面，可转化为以下三点政策建议。

第一是通过转移支付制度调整，来改善目前很多基层政府事权与财力不相匹配的情况。这方面可以把人口流向作为确定财政转移支付方向和力度的重要依据，建立上级政府对下级政府的财政转移支付“费随人走”的制度。

第二是改变以企业相关税收和过度依赖于“土地财政”的税制结构。一方面，应该加大对企业吸纳就业能力的评估，以此作为项目审批的重要条件。另一方面应该开拓新的税源，包括加大以收入和财产为税基的税收在整个地方财政收入中的比重。

第三是将吸纳外来人口稳定就业和居住作为地方政府的重要政绩。我们建议将吸纳外来人口稳定就业作为地方政府的重要政绩，通过将连续缴纳社保的外来人口增加、举家迁移户数的增加以及外来子女在本地公立学校就学数量的增加等作为衡量一个地区社会、经济发展状况的重要标准。

2. 建设信息共享、管理联动的人口信息决策平台

首先，应整合各部门的零散信息系统，并实现以“人”而不是“指标”作为信息系统的基本单位的统计体系，形成包括公民的姓名、出生、死亡、迁移、教

育、宗教、家庭、就业、经济、公共活动等信息的数据库，并以身份证号码作为身份识别码，从而形成对个人生命和社会活动的数字记录，并与个人的各种社会活动和社会福利紧密联系在一起，将会极大节约社会管理成本和部门的协调成本。

其次，充分利用普及性的公共服务，为收集人口信息提供便利。例如，对于广大外来人口而言，城市的公共交通系统是出行的主要方式，我们建议提供一定程度的优惠来吸引公众办卡，并将公交卡设为实名制；还可以拓展公交卡在购物等方面的应用，提高公交卡的使用率，这样就可以借助公交卡系统的信息对流动人口信息进行补充。

专题三

广东篇

报告五

广州市人口规模调控研究

广州市特大城市人口调控课题组*

一、前言

广州市人口和计划生育局从2011年12月起组织开展了“广州特大型城市人口规模调控研究”，主要目的是厘清广州人口发展现状、深入把握区域性中心城市人口规模变动的轨迹、特征和规律，具体剖析影响广州市人口规模变动的一系列因素及其与经济社会发展、公共服务等之间的互动关系，对广州市人口规模调控的政策实施效果进行评估分析，研究提出合理调控特大城市人口规模的相关政策和举措，为国家指导人口规模控制提供参考。

得益于在改革开放中的先行地位和毗邻港澳台及东南亚的区位优势，广州市成为我国对外来人口最具吸引力的城市之一，同时大量劳动力的流入也对广州市经济快速发展起到极大的推动作用。但是，随着大量外来人口的不断聚集，广州市的经济社会、资源环境、城市发展等多个方面都承受着巨大压力。人口、经

---

* 课题组负责人：李文耀　课题组成员：黄锦辉 谌新民 郑灵素 林慧玉 唐棣

济、资源环境、基础设施、公共服务等城市发展的构成要素在规模、结构、速度和分布等诸多方面的不协调使得“城市病”现象也日益显现，而庞大的人口规模则是源头性问题。因此，广州市人口规模已经到了不得不调、不得不控的关键时刻。结合广州城市战略定位、经济社会发展、资源环境状况等多方面因素，将广州市人口规模调控在适宜数量，对于广州市的经济社会发展具有重大的现实意义。

二、广州市人口发展基本态势及其存在的问题

改革开放以来，广州市的经济社会发展环境发生了深刻的变化，加之计划生育政策的完善和工作方式的转变，人口控制工作取得了显著成效，进入了稳定低生育率水平时代，实现了人口发展方式的根本性转变。目前，广州市人口发展进入了一个新的历史阶段，人口数量、结构和空间分布均呈现显著特点，突出地表现为多元化、多样性和复杂性。

（一）常住人口规模持续扩张，户籍人口规模增长平缓

1. 常住人口规模持续扩张，人口规模约为香港的2倍

1982年以后，广州市常住人口加速增长，2000年后稍有减缓，2010年再破规划目标。在2010年第六次人口普查时点，广州市的常住人口达到1270.08万人，突破了“十一五”期间1090万人的规划目标。广州市占全省人口的12.2%，是其近邻香港人口的1.8倍（含其他实际管理人口则约为2倍）左右，在全国五大中心城市中排在第五位。

历次的人口普查和1%的人口抽样调查数据显示，20世纪50年代以来，广州市的常住人口规模一直呈现增长的态势（见图1）。

1953年至1982年，广州市常住人口增长比较平缓，常住人口中基本都是

户籍人口。1982 年以来，广州市常住人口规模快速扩张。1990 年“四普”时为 685 万人，2000 年“五普”时达到 994.8 万人，十年间增加了 309.8 万人，扩大了 1.45 倍。2000 年后广州市常住人口规模增长速度稍有减缓。2000 ~ 2010 年间，常住人口仅增加 275.78 万人，增长 27.74 %，保持年均 2.48% 的增长速度，低于上一个十年 4.67% 的年均增长速度，但快于同时期全国 0.57% 和广东全省 1.90% 的年均增长速度。如果不考虑各行政区域之间的分离和合并影响，2010 年广州市的常住人口规模与 1953 年第一次人口普查时的 284.93 万人相比较，57 年间增加了近 3.5 倍。

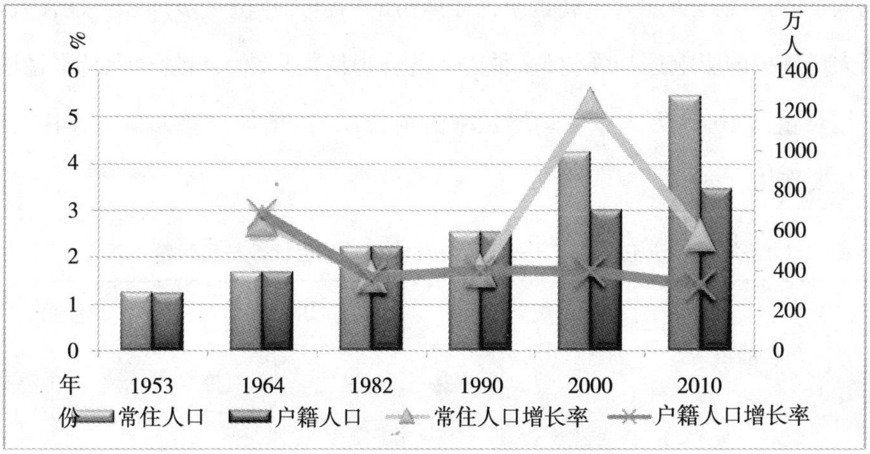

图 1　广州市人口规模及人口增长率变化

资料来源：广州市人口普查资料（1953 年、1964 年、1982 年、1990 年、2000 年和 2010 年），广州市统计局。

按照时间分段考察：第一阶段，从新中国成立初到 1982 年，常住人口规模增长速度缓慢，年均人口净增加量为 8 万人左右。受计划经济时代严格的二元户籍制度制约以及人口统计口径的限制，户籍人口与常住人口无论在规模变化还是在增长趋势以及增长率的变化上都高度一致，人口规模增长的动力主要源于自然增长。

第二阶段，1982 ~ 2000 年，主要受国家改革开放政策的影响，以广州为龙头的珠江三角洲地区经济迅速发展，使常住人口规模快速膨胀，由 1982 年 519.33 万人跃增至 2000 年的 981.57 万人，年均增长率为 3.60%；尤其是 1990 ~ 2000 年广州市常住人口年均净增加人口达到 35.16 万人，是前一个阶段的 2.54 倍，2000 年常住人口规模迅速扩张到 994.8 万人，年均人口增长率达 4.53%。

第三阶段，2000 ~ 2009 年，广州市常住人口规模进入了相对稳定时期，年均净增加量为 5.76 万人，增加速度呈现下降趋势，2009 年人口增长率下降到 1.5%，年均增长率只有 0.57%。值得注意的是，随着广州市发展战略转型，产业结构调整的力度有所加大，高素质人才队伍的引进工作进一步加强，迁移人口对户籍人口规模的影响逐步强化，多种因素的合力使得户籍人口规模保持平稳增长，年均增长量为 10.43 万人，年均增长率为 1.42%，净增加户籍人口中迁移人口起到了主要作用。

表 1 "九五"、"十五"、"十一五"常住人口规划目标数与实际数（万人）

时间	规划目标		实际值		差额	
	常住人口	户籍人口	常住人口	户籍人口	常住人口	户籍人口
"九五"末（2000 年）	780	705	994.8	701	214.8	–4
"十五"末（2005 年）	1130	768	949.68	751	–180.32	–17
"十一五"末（2010 年）	1090	810	1270.08	806	180.08	–4

从表 1 可知，由于常住人口规模的快速膨胀，除了"十五"规划，广州市"九五"和"十一五"确定的常住人口规划目标均被突破。"九五"规划目标（2000 年）为 780 万人，实际数为 994.8 万人；"十一五"规划目标为 1090 万人，2010 年

实际为1270.08万人。总体上看，广州市人口规模呈现持续增长的态势，但广州市户籍人口规模的增长比较平缓。2000年以后，户籍人口规模增速放缓（图1）。“十五”期间，户籍人口年均增长率约为1.29%，处于较低水平，从1990年的591.8万人增加到2010年时的794.6万人，20年间仅仅增加了202.8万人。从表1也可以看出，“九五”、“十五”和“十一五”时期确定的广州市户籍人口规划目标都没有被突破。

2. 来穗流动人口数量庞大，是广州市常住人口增长的主要原因

广州市流动人口快速增长是常住人口规模不断扩张的主要因素（图2）。1990～2000年间，流动人口总量加速增长，年增长率最高达到27.27%（白云区），最低值也有11.07%（越秀区），所有区域流动人口总人口比例都保持两位数的增长率。

广州市2005年、2006年、2007年三年的流动人口数分别为364万、399万、466万。随着登记方式改革及有关部门的执行力度加强，原有隐性人口被登记入册，在册流动人口数量开始迅猛增长。2008年6月，突破500万人。至2009年6月，突破600万人。2010年10月，突破700万人，达到710万人，是1991年62.67万的11倍多。

根据“六普”数据，广州市1270万常住人口中，流动人口数量为726万，与794万户籍人口数量接近。常住人口比重由2000年的33.29%提高到37.48%，略低于同时点上海39.01%的比重。

2010年，在常住广州的外来人口中，来自省外的300万人（占63%）。其中湖南籍80多万（27%）；其次是广西，40多万；湖北35万；四川30多万；江西26万；河南22万（7%）。

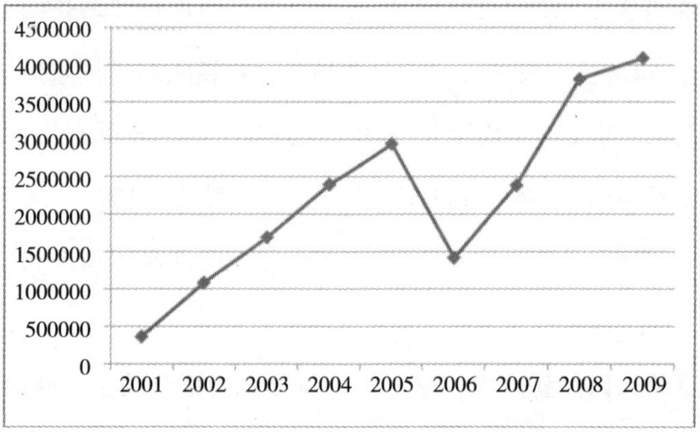

图 2 2001 年 ~ 2009 年广州市流动人口数量（人）

3. 户籍人口迁入大于迁出，是户籍人口平稳增长的主要原因

广州市户籍人口规模呈现出平稳增长的趋势，增速并未发生较大变化（图3）。1953 ~ 2010 年间，户籍人口从 284.93 万人增加到 806 万人，57 年间仅扩大了 1.83 倍。2000 年以前，年均净增加户籍人口保持在 10 万人以内；之后年均净增加户籍人口数量略高于 10 万人。

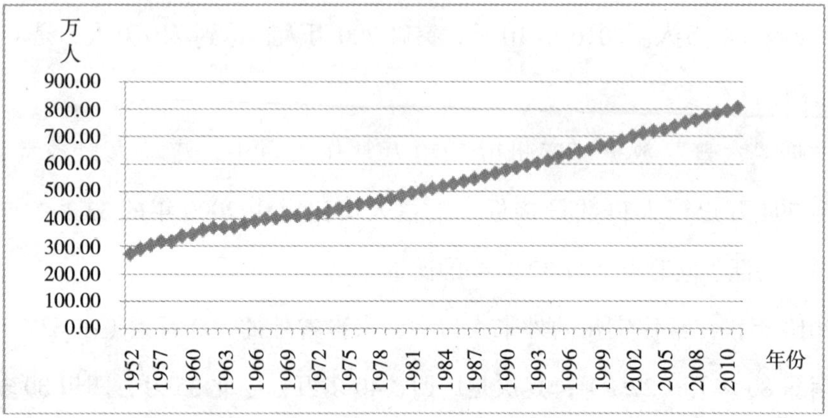

图 3 广州市户籍人口规模变化情况（1952 ~ 2010 年）

户籍人口的上述变化趋势，一方面受人口自然增长方式的影响，另一方面受迁移人口数量的影响。20 世纪 70 年代以来，广州市全面推行计划生育政策，加

大对人口规模的控制力度，生育率水平得到有效控制。从20世纪80年代开始，广州市出生率和自然增长率就呈现持续下降的态势，2000年以后，出生率一直保持在10‰以下，自然增长率一直保持在5‰以内。总体上看，目前广州市已经步入了后人口转变阶段，即低出生率、低死亡率、低自然增长率的“三低”模式。人口自然增长对户籍总人口的影响力在逐步弱化。

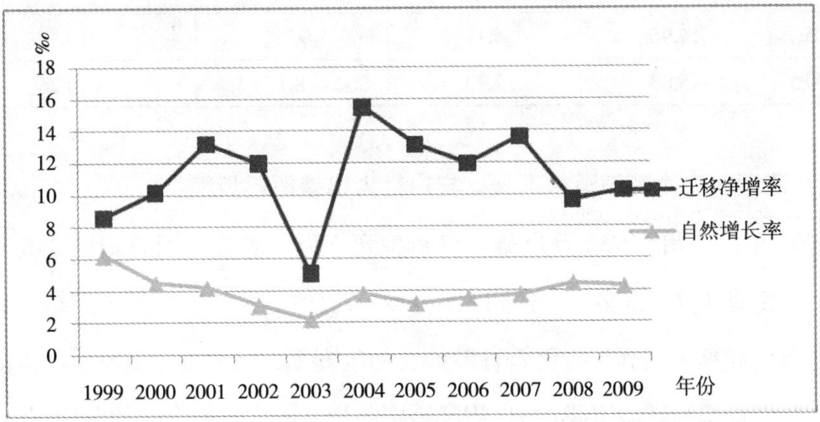

图4　广州市1999年～2009年人口自然增长率及迁移净增率的变化

在人口自然增长总体趋减的情况下，户籍人口依然保持平稳增长的态势，这主要归因于户籍人口数量迁入大于迁出，从图4可以看出，户籍人口自然增长率远远落后于迁移人口的净增率。自2003年以后，人口迁移的净增率都在10‰以上。随着国家户籍制度改革的推进和广州市对人才需求增加，每年从外省市迁入广州市的户籍人口数量不断增加。1990年全市户籍人口迁入10.05万人，迁出8.84万人，净迁入为1.21万人，机械增长率为2.04‰；2000年迁入人口17.75万人，迁出10.72万人，净迁入人口为7.03万人，机械增长率为10.15‰；2009年迁入人口达15.83万人，迁出人口为7.73万人，净迁入为8.1万人，机械增长率为10.26‰（见表2）。由于户籍人口迁入数量远大于迁出人口数量，机械增长成为决定户籍人口规模的主导因素。

表 2　　广州市主要年份户籍人口迁移情况表

年份	迁入人口（万人）	迁出人口（万人）	机械增长	
			净迁入（万人）	增长率（‰）
1990	10.05	8.84	1.21	2.04
1995	13.18	7.78	5.4	8.41
2000	17.75	10.72	7.03	10.15
2005	14.96	5.19	9.77	13.13
2009	15.83	7.73	8.1	10.26

4. 流动人口生育率渐趋下降，与户籍人口差距逐步缩小

2005 年，广州市 750 万户籍人口新生育 7 万人左右，而登记的 346 万流动人口，却生育了 7.3 万多人。广州市流动人口出生数第一次超过了户籍人口的出生数。通过计算流动和户籍已婚育龄妇女的生育率，结果如图 5 所示。流动已婚育龄妇女生育率的逐步下降，与户籍已婚育龄妇女的生育率之间的差距逐步缩小，近两年更是处于几乎一样的水平上。

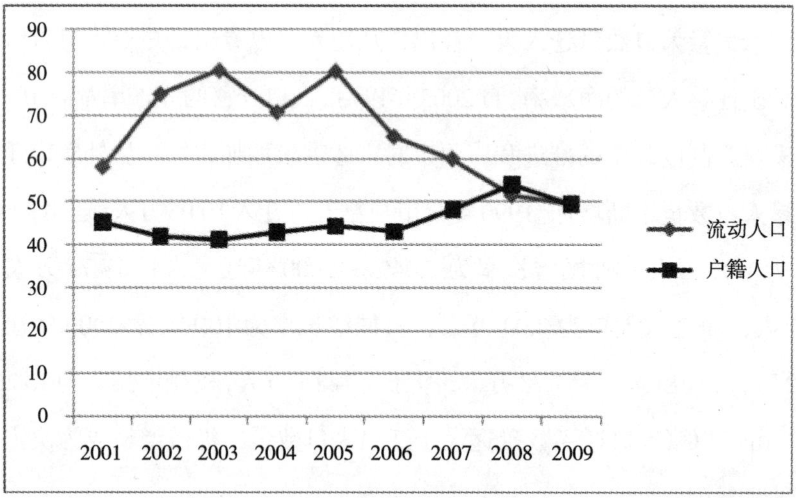

图 5　流动与户籍人口已婚育龄妇女的生育率（‰）（2001 ~ 2009 年）

资料来源：根据广州市人口和计划生育局《广州市1996—2010年人口自然变动情况统计表》及《广州市2001—2008年流动人口计划生育有关资料统计》相关内容计算。

5. 城镇化水平大幅提升，人口加速向城区聚集

“六普”数据显示，广东省的城镇化水平达66.18%，同年全国平均水平为49.68%，广州市的城镇化率从1978年的48.07%上升到2010年的85%，明显快于全国的城镇化水平。

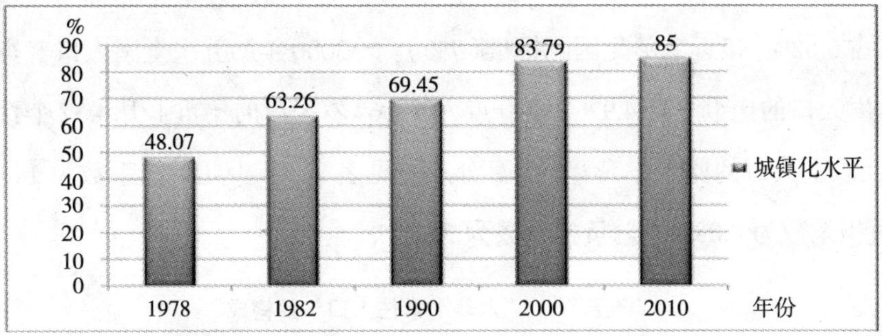

图6 广州市城镇化水平变化趋势（1982～2010年）

注：①国家统计局规定，城镇化率＝城镇人口/总人口（均按常住人口计算，不是户籍人口）。从2000年第五次人口普查起采用该统计方法；②2010年的数据的为初步统计数。

资料来源：广东省统计年鉴、《印发广州市国民经济和社会发展第十二个五年规划纲要的通知》。

广州市的城镇化水平变化可以分为两个阶段（见图6）：第一阶段是稳步上升阶段（1978～2000年）。此间，城镇化率以年均0.67个百分点的速度稳步攀升，1993年开始达到60%以上，并在2000年达到阶段性高点83.79%。第二阶段是起伏攀升阶段（2000年至今）。此间，城镇化率以年均0.25%的速度缓慢攀升，其上升速度不及第一阶段的一半，从2000年的83.79%上升到2010年的85%，10年间仅上升了1.21个百分点。这与将远郊的番禺、花都划入广州市区等统计原因有关，但仍超过发达国家水平，在全国处于领先位置。

（二）人口结构问题呈现多样化和复杂化

1. “老年型”与“少子化”并存，流动人口缓解了老龄化进程

广州市常住人口的年龄结构呈现少儿人口减少、劳动年龄人口和老年人口增加的态势（见图7）。

“六普”数据显示，2010年广州市常住人口中，0～14岁人口为145.64万人，占11.47%；15～64岁人口为1040.35万人，占81.91%；65岁及以上人口为84.09万人，占6.62%，接近老龄化国际标准（7%）。同2000年第五次全国人口普查相比，0～14岁人口的比重下降4.97个百分点，15～64岁人口的比重上升4.37个百分点，65岁及以上人口的比重上升0.6个百分点（见表3）。少儿负担系数为14.00%，老年负担系数为8.08%，总负担系数为22.08%。

表3 “五普”、“六普”常住人口年龄构成

年龄构成	五普（万人）	六普（万人）
0～14岁	163.31	145.64
15～64岁	770.27	1040.35
65及以上	60.62	84.09
总人口	994.20	1270.08
少儿负担系数	21.20%	14.00%
老年负担系数	7.87%	8.08%
总负担系数	29.07%	22.08%

同时，流动人口年龄分布呈“两头小中间大”的菱形结构。从广州市1990年和2000年各年龄段流动人口数来看，少年期流动人口迁移能力较差，15～35岁人口流动能力显著增强，比重从1990年71.03%升至2000年的74.86%，45岁后人口流动能力开始下降，呈现“两头小中间大”的菱形结构。

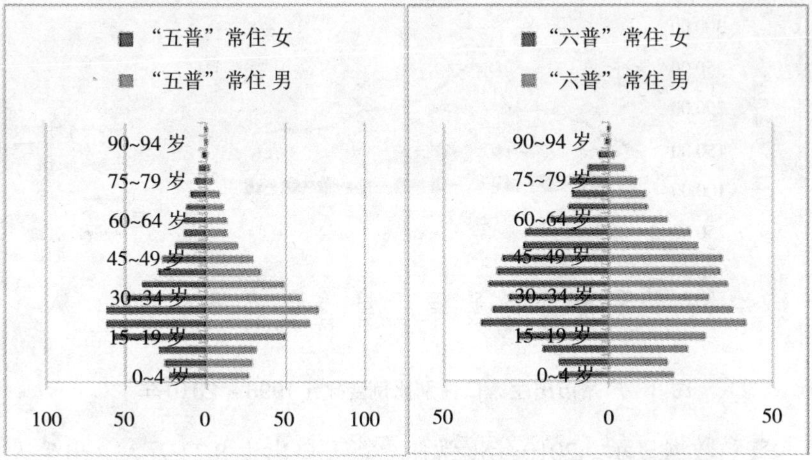

图 7　广州市常住人口"五普"、"六普"的年龄构成

相对于常住户籍人口，广州市流动人口数量的增长速度显得更为迅速。外来人口的增加使广州市的人口老龄化速度放慢，使达到某一老龄化程度的时点时间后延。如 2010 年广州市 65 岁以上人口占总人口的 6.4%，如果在总人口中剔除流动人口，则户籍人口比重为 10.1%，流动人口降低了广州市的老龄化程度达 3.7 个百分点。

2. 出生人口性别比先降后升，仍高于全国平均水平

广州市的出生人口性别比偏高是一个历史现象，并经历了先快速上升、后缓慢下降的过程（图 8）。1982 年人口普查时广州市的出生人口性别比就略高于正常值，到"五普"时点，广州市的出生人口性别比例为 122.54，低于全省平均水平，但比出生人口性别比正常值的上限（107）高出 15.54，严重偏离正常值。2003 ~ 2005 年，出生人口性别比开始出现下降的势头。2006 ~ 2008 年，出生人口性别比基本稳定在 113.2 的水平，较以前年份有明显下降。2009 ~ 2011 年略有回升，达 114。

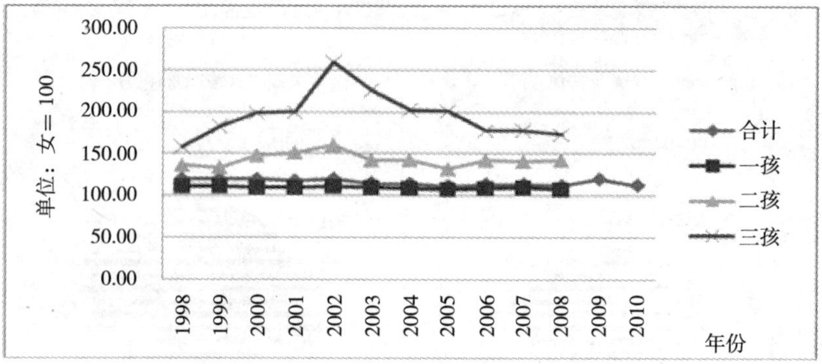

图 8 广州市出生人口性别比例变化（1998～2010 年）

“六普”数据显示，2010 年度常住户籍人口出生 8.72 万人，出生人口性别比 112.76，仍然低于全国的平均水平，并呈现出农村地区高于中心城区、流动人口高于户籍人口、计划外出生人口高于计划内出生人口的特点。另外，中心城区常住人口的出生人口性别比低于其他地区。近年来，重度、较重度失衡地区向中度失衡转变，中度失衡地区则向轻度失衡转变；农村地区出生人口性别比一直高于城区，也是综合治理的难点和重点；流动人口中出生人口性别比偏高现象依旧十分严重，是造成目前广州市出生人口性别比整体偏高的主要原因之一。

3. 人口的平均预期寿命较长，出生缺陷率仍处较高水平

1960 年之前，广州市的人口死亡率水平基本上维持在 7‰～9‰，远低于同期全国 10‰～20‰的平均水平；改革开放以来，户籍常住人口的死亡率在 5.5‰上下波动（图 9）。稳定的低死亡率是人口平均预期寿命较长的原因之一。

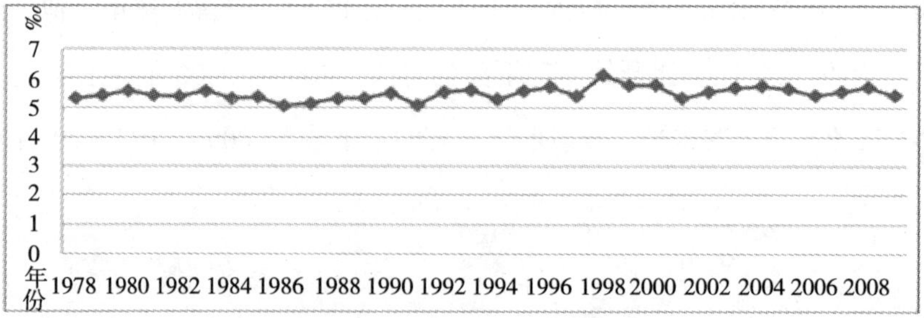

图 9 广州市的人口死亡率变化（1978～2009 年）

由于地方性疾病影响，加上监测水平提高使隐性问题显性化，广州市出生人口缺陷率一直较高。资料显示，2003～2005年，广州市出生缺陷发生率为16‰，2006年高达17.2‰；2008年仍然高达15.39‰，高于近年来全国12.8‰的水平。

4. 广州市低教育水平人口比重仍然偏大

根据2010年“六普”公报的数据计算，广州市、广东省和全国的平均受教育年限分别为10.66年、9.43年和9.27年。然而，由于特殊的经济发展路径和产业结构，与全国其他四个中心城市相比，广州高学历人才的比重仍然低于京、沪地区，低学历人口比重偏大。平均受教育年限10.66年，低于北京（11.70年）、上海（10.89年），高于天津（10.43年）、重庆（8.99年）。

表4　全国及五大中心城市人口受教育程度（2010年）

受教育程度(%)	全国	广州	北京	天津	上海	重庆
文盲	4.39%	0.95%	2.03%	2.10%	2.74%	4.30%
小学	28.83%	15.72%	11.92%	17.05%	13.53%	33.79%
初中	41.75%	36.13%	37.57%	38.15%	36.46%	32.98%
高中	15.10%	22.92%	25.39%	20.65%	20.97%	13.21%
大专及以上	9.61%	19.23%	37.69%	17.48%	21.95%	8.64%

2010年年底广州市常住人口大专及以上学历的比重是22.92%，高于全国的平均水平，低于北京，高于上海、天津、重庆；但是广州市小学及以下比重超过16.6%，低于全国的平均水平，高于北京、上海，低于重庆和天津。如表4及图10所示。

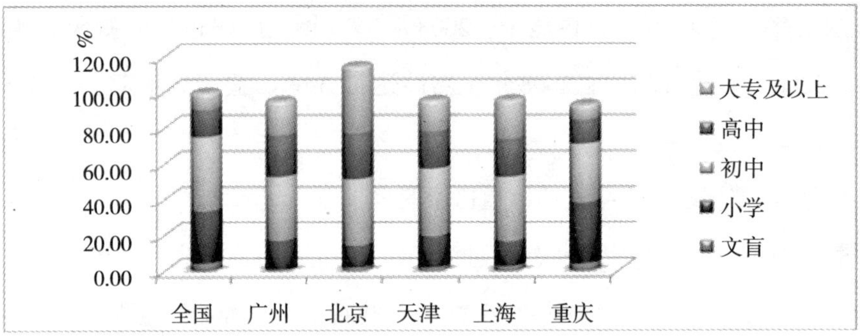

图 10　全国及五大中心城市人口受教育水平分布（2010 年）

资料来源：均来自全国及各大城市“第六次人口普查主要数据公报”。

广州市的劳动技能人才比重也不能满足经济发展的需求。2007 年广州市的技能人才总量为 147 万人。高级技师和技师 4.7 万人，而企业需求量是 19 万，两者之间存在很大差距。高级技师和技师的占比不足 4%。流动人口整体文化水平偏低，以中学教育程度为主，初中教育水平的人数所占比重高。1990 年和 2000 年受中学教育人数分别占 62.2% 和 71.5%，大学学历仅有 2.7% 和 4.5%。2007 年流动人口受中学教育人口比例下降到 37.7%，高中和中专分别是 27.7% 和 15.8%，大专学历的人口比例上升到 13.7%。

（三）人口分布郊区化特征日趋明显

“六普”数据显示，2010 年广州市全市人口密度为每平方公里 1708.38 人，低于上海（3631 人），高于北京（1166.84 人）。与 2005 年（1277.41 人 / 平方公里）相比，每平方公里增加了 430.97 人；与 2000 年（1338.10 人 / 平方公里）相比，每平方公里增加了 370.28 人（见图 11）。广州市各城区人口密度层次分明，中心老城区、新兴城区和郊区（市）分别呈每平方公里万人、千人和百人分布。

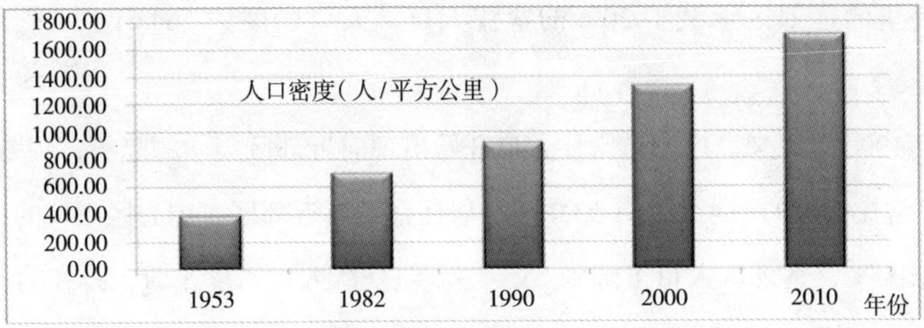

图 11　广州市主要年份人口密度变化情况

1. 常住人口分布中心区人口密度高，外围人口密度低

中心城区人口密度来说，广州越秀区每平方公里常住人口 30363.91 人，低于上海原黄浦区（43425 人），高于北京原宣武区（29614 人）。广州市人口密度最低的从化市，每平方公里 257.53 人，低于上海崇明县（567 人），高于北京的延庆县（144 人）。图 12。

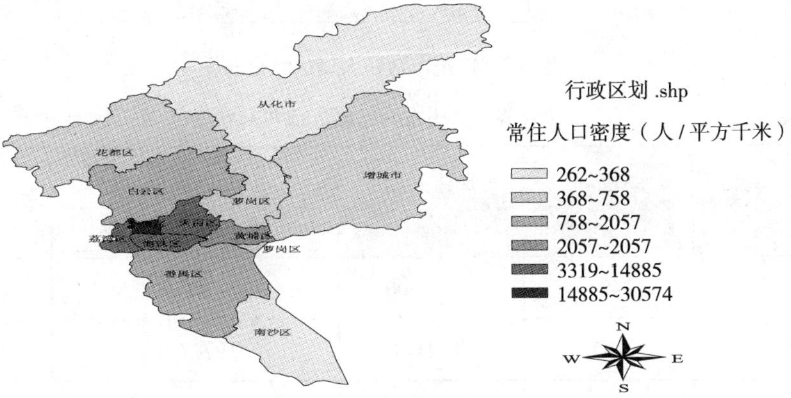

图 12

2. 人口分布从中心呈现向近郊区扩张趋势

“六普”数据显示，广州市在中心城区 183.3 平方公里的土地上承载了 28.45% 的常住人口，人口密度为 19717.1 人 / 平方公里；在 2690.09 平方公里的近郊区承载了 51.28% 的常住人口，人口密度为 2420.54 人 / 平方公里；在 4561

平方公里的远郊区承载了20%的常住人口，人口密度为564.61人/平方公里（见表5）。

但1990年以来，广州市常住人口开始出现向近郊区集中的趋势，到2007年非户籍常住人口的一半以上（53.01%）居住在城市近郊区，中心区人口的比重下降到21.85%，远郊区人口下降到25.14%。但是从人口密度来看，排在前三位的是越秀区、海珠区、荔湾区，中心城区的人口压力还是很大（见图13）。

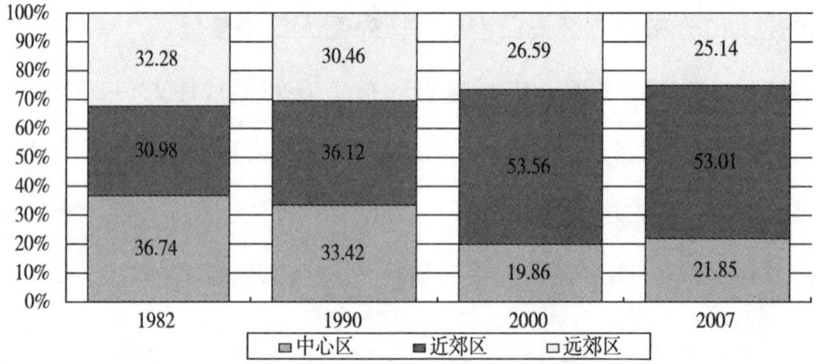

图13 广州市常住人口区域分布图

表5 “六普”广州市分区域人口布局状况

	总面积（平方千米）	常住人口（人）	人口密度（人/平方千米）	比重（%）
全市	7434.4	12700800	1708.00	100
中心区	183.3	3614144	19717.10	28.45
近郊区	2690.09	6511457	2420.54	51.28
远郊区	4561.01	2575199	564.61	20.27

注：①中心城区是指：荔湾区、越秀区、海珠区；近郊区：天河区、白云区、黄埔区、番禺区、南沙区和萝岗区；远郊区：花都区、增城市和从化市。②比重为各区、县级市的人口占全市合计的比重。③计算人口密度使用的地区面积来源于《广州统计年鉴2010》。

3. 来穗流动人口的定居地总体集中在近郊区

1990～2000年间，广州流动人口总量急剧增长，所有区域流动人口占总人口比例都保持两位数的增长率，年增长率最高值达到27.27%（白云区），最低值也达到11.07%（越秀区），流动人口空间分布出现明显的近郊区指向。到2009年流动人口主要的定居地是近郊区，约占全部流动人口的三分之二，远郊区约占20%，城市中心区只占15%左右（图14）

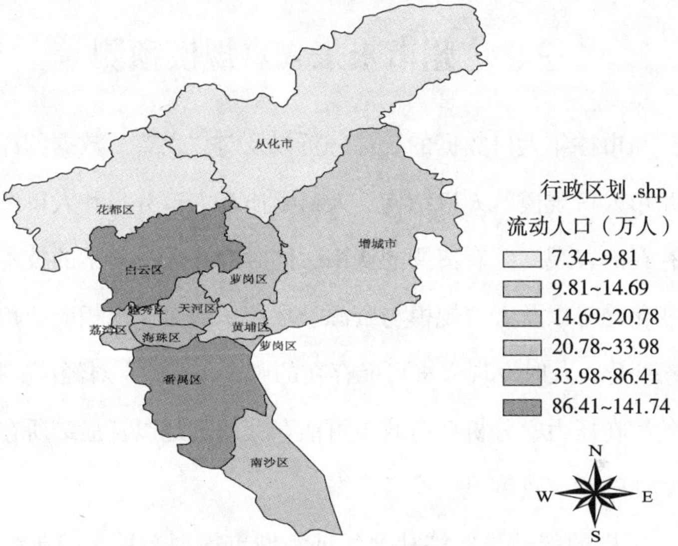

图14　广州市流动人口空间分布图

（四）广州市人口发展方式进入良性循环，人口增速明显放缓

经过30多年的计划生育工作，户籍人口自然增长率连续多年稳定在4.92‰以下（2003年最低为2.99‰），总和生育一直稳定在1.221以下（2006年最低为1.083‰）。根据广州市人口的出生率、死亡率、自然增长率进行综合判断，广州市已经完成了人口再生产方式的转变，进入低位均衡模式，人口增长速度得到有效控制。进入21世纪以来，人口自然增长率连续多年稳定在4.92‰以下，

2009年的人口自然增长率为4.33‰。户籍人口生育率水平保持低位稳定，逼近超低生育率水平。1982年“三普”时广州市妇女总和生育率为2.07，已经降至更替生育水平；1990年“四普”时，总和生育率为2.17，稍有反弹；2000年“五普”时的妇女总和生育率修正值为1.52[①]，目前总和生育率水平为1.3～1.5。从变化趋势看，广州市已经保持了四分之一世纪的低生育率水平。妇女生育模式发生根本性转变，出生人口一孩率大幅攀升。

三、广州市未来人口规模预测

通过对广州市往年人口数据的统计分析以及对“六普”数据的深度挖掘，我们应该对广州市人口规模、人口结构、人口素质、人口分布和人口发展态势的现实状况以及存在的客观问题有清醒的认识，同时应该通过科学的技术方法对未来人口规模的变化趋势以及人口规模与资源、环境承载力作出相应的预测，把握人口发展的动态变化，及时发现未来可能存在的“人口风险”对经济、社会、资源、环境所带来的潜在压力，分析现有政策可能存在的不足以及症结所在，为制定出前瞻性、科学性的调控政策提供参考依据。

区域人口规模的变动受经济社会发展、城市规划布局、产业结构调整、公共服务供给、资源环境存量等众多因素的影响，根据人口预测的规律性，限于数据资料的可获得性，结合广州市城市发展现状，考虑到区域人口规模预测的复杂性与准确性，将预测的目标设定为：预测“十二五”期间（2011～2015年）广州市人口规模、人口结构变化的规律和特点；前瞻中长期（2016～2020年）广州市人口数量和人口结构变化趋势，为统筹规划中长期的人口发展思路和统筹解决人口问题提供依据和参考，对未来人口发展中可能出现的重大问题进行判断，

① 参考全国和广东省对生育模式和生育率水平的调整方法，对广州市2000年第五次人口普查漏报人口进行回填，修正后的生育率水平为1.52。

未雨绸缪。

（一）广州市未来人口规模预测

1. 户籍人口

广州市2010年户籍人口规模达到794.6万人，人口自然增长率从2000年的4.5‰开始下降，最后略有反弹到2010年的5.54‰，迁入率和迁出率之差的净增长率也基本稳定在10‰左右，户籍人口的增长主要受人口自身规律的影响，从广州市户籍人口历年变化图（图3）中也可以反映出广州市的户籍人口基本上是呈一条直线，逐年增长十分缓慢。通过灰色系统①预测，广州市的户籍人口规模预测结果如表6，可发现未来10年广州市户籍人口比较稳定。

表6　广州市户籍人口规模预测结果（万人）

年份	户籍人口	年份	户籍人口
2011	801.74	2016	828.31
2012	806.97	2017	833.73
2013	812.27	2018	839.19
2014	817.58	2019	844.68
2015	822.93	2020	850.20

2. 外来人口

目前，广州市产业工人中外来人口规模大约占69.3%，广州市产业结构和劳动密集程度的变化，将会决定广州市外来人口的增长规模以及人口素质结构，可以主要根据广州市的经济发展速度建立模型，对未来的外来人口进行预测。根据托达罗的人口迁移和流动理论以及相关数据，建立模型预测得到广州市未来外来人口规模（表7）。

① 本研究通过灰色系统预测软件进行预测，考虑到预测的精度，将数据进行了弱化处理。

表 7 广州市外来人口规模预测结果（万人）

年份	外来人口	年份	外来人口
2011	652.09	2016	684.99
2012	659.07	2017	691.31
2013	666.22	2018	697.04
2014	670.60	2019	700.65
2015	678.56	2020	707.01

由于广州市自身的经济特色以及外来人口大多具有“就业导向”的特性，利用该模型所得到外来人口规模的预测数据，应该更接近外来人口的实际。从预测结果看，外来人口总量仍将有较大幅度增长。

3. 常住人口①

根据户籍人口以及外来人口大致可以得到广州市未来 10 年的总人口规模，如表 8：由于广州市户籍人口的自然增长对总人口的影响已经开始弱化，未来广州市常住人口规模的走向将主要取决于外来人口规模的变动，人口规模的合理调控的重点是外来人口。

表 8 2011 ~ 2020 年常住人口变化

年份	常住人口	年份	常住人口
2011	1453.83	2016	1513.31
2012	1466.06	2017	1525.04
2013	1478.48	2018	1536.23
2014	1488.18	2019	1545.33
2015	1501.49	2020	1557.21

① 由于外来人口大多以就业者身份出现，此处约定常住人口近似等于户籍人口加外来人口。

（二）广州市人口承载量分析和预测

人口、资源、环境是城市实现和谐发展的三大基本支撑，也是影响经济社会可持续发展的基本因素。目前，广州市所面对的人口与资源、环境之间的矛盾既体现为资源总量的短缺，也表现在人口规模的不断扩大以及人口高居住密度区的环境恶化方面。广州城市矛盾主要表征是人口发展与经济社会发展不同步、与资源和生态环境的不和谐。广州市人口发展的限制因素很多，按照短板效应，根据广州市人口发展战略之《广州市人口与资源承载力和生态环境容量研究》的研究结论，目前土地资源、水资源是制约广州人口发展的短板所在。

1. 土地资源人口承载力分析

改革开放以来，广州市经济建设和社会发展以前所未有的速度持续增长，而且带动了珠江三角洲工业化发展和城市群的迅速崛起，成为珠江三角洲的“龙头”。但同时，各种资源环境问题日益突出，作为人口、经济、社会活动载体的土地资源先天不足，而且随着人口规模的不断扩大，土地供应矛盾也日益尖锐。所谓土地承载力是指在未来不同的时间尺度上，以可预见的科学技术、经济和社会发展水平以及与此相适应的物质生活水准为依据，一个国家或地区利用其自身的土地资源所能持续稳定供养的人口数量。因此，以城市规划建设用地为载体，以城市规划人均建设用地标准为参考，着眼于广州市未来的可持续发展，对广州市城市规划建设土地人口承载量现状进行分析和评价就更加具有科学现实意义。

限于数据的可得性，统计资料显示，截至 2009 年底，广州市城市建设用地规模达到 1642.34 平方公里，依据《城市用地分类与规划建设用地标准 GB50137—2011》以及相关文献，确定大城市人均建设用地标准多集中 90.0 ~ 100.0 平方米 / 人，那么广州市目前大约可承载的人口容量在 1564.13 万 ~ 1642.34 万人。根据广州市新一轮土地利用总体规划，2010 ~ 2020 年，广州年均可利用的新增建设用地规模为15.2平方公里，相当于之前13年新增建设用地平均水平的36%。横向比较，到2020年，广州建设用地总规模分别为北京（3817平方公里）的46%、上海（2981平方公里）的59%、天津（4034平方公里）的44%，也即在未来大约十年内广州建设用地总规模可到达1755.82平方公里，则广州市未来发展可能的人口容量为1755.82万~1950.91万人。

广州土地承载力低，严格来说主要是中心城区人口密度较大。目前，广州市全市人口密度大约每平方公里1351.26人，越秀区常住人口分布密度最高，每平方公里30363.91人，而广州市人口密度最低的城区是从化，每平方公里257.53人。因此，认真贯彻广州市"南拓、北优、东进、西联、中调"的城市规划目标，调整产业布局，合理引导人口向郊区转移，减缓中心城区人口规模压力。

2. 水资源人口承载力分析

广州是一个过度依赖过境客水的城市，广州本地平均水资源总量为79.79亿立方米，其中地表水78.81亿立方米，地下水14.87亿立方米，而过境客水资源量为1860.24亿立方米，是本地水资源总量的23倍。由于广州本地水资源较少，一旦缺少外来水资源的补给，水资源将成为广州市人口承载力的硬约束条件；一旦水资源供需失衡，无异会发出人口超载的警情。根据广州市人口发展战略之《广州市人口与资源承载力和生态环境》，通过计算发现广州市除了萝岗区和南沙区水资源理论承载力较好，其他市区则出现承载力缺口。

按照国家居民生活日用水量标准150~220（L/人.d）以及2009年广州市8.85亿立方米的生活供水能力计算，大约可以承载1102.11万~1616.44万人，但从2009年广州市的实际用水情况来看，城市居民日常用水量为255（L/人.d），农村居民日常用水量为155（L/人.d），如果按此2009年广州市农村居民日常用水量计算，大约承载人口容量为1564.30万人。2009年广州市城市居民日常用水量计算，大约承载人口容量950.85万人，城市居民用水已经超出国家标准，很可能因为挤占了生态用水。2010年广州市西江引水工程正式实施完成，预计未来每年可以引水 12.78 亿立方米，同时参照朱照宇等（2003）预测广州市 2015 年和 2020 年的广州市的年供水能力分别为 86.1 亿立方米和 91.86 亿立方米，根据广州市 2005 ~ 2009 年水资源公报中供水能力，可以发现生活用水量大约占总供水量的 11%，对 2005 ~ 2009 年的水资源供给量取平均值，同时加上广州市西江引水量，作为 2020 年以前广州市年供水能力约 92.24 亿立方米，生活用水供给量 10.15 亿立方米，如果按照国家居民生活用水量标准计算，广州市未来水资源的人口容量大约为 1264.00 万 ~ 1853.88 万人。

表 9　　广州市资源约束下人口承载量（万人）

约束条件	现有规划条件	未来发展可能
建设用地	1564.13 ~ 1642.34	1755.82 ~ 1950.91
淡水资源	1102.11 ~ 1616.44	1264.00 ~ 1853.88

综合上述分析，对广州市未来人口最大承载容量大致可以得出两种预期判断，较为保守的预期是：1264 万（低方案）、1564 万（中方案）、1642 万（高方案）；较为开放的预期是：1755 万（低方案）、1853 万（中方案）、1950 万（高方案）。

（三）广州市未来人口发展基本态势

广州市区域城市空间重构、产业经济跃升、资源环境可持续发展战略调整将会对人口发展带来新的机遇和挑战，未来数十年应该是广州人口发展的重要变化时期，也是协调人口与社会经济发展、资源环境关系的重大机遇期。根据人口发展规律以及对未来的人口、社会、经济发展的判断和预测，广州未来人口发展态势的总特征如下。

1. 未来广州人口规模将持续增长，机械增长为主要推力

由于长期处于低生育率状态，户籍人口自然变动将延续多年低增长的态势，户籍人口的自然变动无法作为解释未来广州人口继续增长的原因。作为中国改革开放的前沿城市和经济发展的引擎动力，广州经济在未来仍将保持增长的态势。因此，未来常住人口数量的走向将主要取决于流动人口的规模变动，也即人口机械变动将成为左右广州人口未来走向的决定性因素。

2. 广州未来劳动年龄人口将继续由迁移流动人口补给，人口素质结构很大程度上取决于迁移流动人口的素质

广州市现有户籍人口自然增长率水平较低，将无法为经济发展提供充足的劳动人口，只有靠迁移和流动人口进行有效补给。迁移人口的主体是劳动年龄人口，迁移流动人口的不断涌入，将使广州市劳动年龄人口基本保持稳中有升的格局。

3. 未来人口总抚养比尤其是老年抚养比持续走高，家庭养老压力增加

户籍人口年龄结构呈现少儿人口减少、劳动力年龄人口和老年人口增加的态势，老龄化问题开始凸现。由于广州市保持着较低的生育水平，使得人口的被抚养对象逐渐由少年儿童转向老年人口。但是由于流动人口为广州市提供了丰富的劳动力资源，常住人口总抚养比还将在一定时期内始终保持在较低水平。这将为广州市社会经济发展创造良好的人口条件，为迎接重度老年型社会的到来提供了战略机遇期。

4. 未来实际服务和管理人口规模依然过大

随着珠三角一体化进程的推进，影响区域内部和区域内外人口迁移流动的一些制度性障碍和关键性障碍等将逐步被打破，特别是统一劳动力市场的逐步建立和社会保障制度的不断完善，加上广州也在不断加大公共服务、基础设施投入力度，人口迁移流动将进入一个更加活跃的时期。截至 2011 年 10 月底，已办理居住证的流动人口为 758.4 万人，假定现行人口规模调控政策不变，那么广州市的实际服务和管理人口数量将十分庞大。将给广州市的基本公共服务、城市基础设施以及社会管理带来巨大压力。

5. 未来中心城区人口向边缘地区扩散

未来广州市应通过完善综合交通网络、加快基础设施建设、保护城乡生态环境、拓展并优化空间布局，形成由中心主城区、南沙副城区、花都副城区、萝岗副城区、荔城组团、街口组团组成的“一主三副两组团”的城市空间布局，同时不断完善城市服务功能，优化功能分区，对未来广州市常住人口的流动分布进行有序引导、合理规划，将人口从中心区域向郊区扩散，缓和人口与资源、环境之间的压力。

6. 外来人口从个体外出打工到举家迁移趋势明显

近年来，外来人口逐渐出现向广州举家迁移或生息繁衍，新市民家庭户数量在增加。根据 2010 年国家人口计生委 106 个城市流动人口动态监测调查数据，流动已婚育龄妇女与配偶同住的占 84.9%，未成年孩子留守户籍地的只占约四成。可见这一趋势对人口计生工作影响深远，广州也同样存在这一趋势。

四、现有人口规模调控政策、效果及问题

改革开放以来，广州经济社会快速发展，吸引了大批流动人口来务工经商，面临巨大的人口压力。为此，广州市制定并实施了诸多人口调控和优化政策。总体而言，这些政策成效是显著的，有效地控制了人口规模的无序膨胀，保持了人口结构基本优化，为广州市经济社会发展提供了充足和较优质的人口资源支撑，也为全国解决人口问题作出了较大的贡献。

（一）广州市现有人口调控政策

1. 人口总体调控政策

①调控人口出生，稳定低生育率水平。根据 2013 年修订的《广州市人口与计划生育管理办法》，广州市现行的生育政策是：鼓励公民晚婚、晚育，提倡一对夫妻生育一个子女。广州积极推进人口计生综合改革，层级动态管理责任制有效落实，建立了市领导挂钩帮扶人口计生工作制度和分级（市、区、街）、分类

（人口发展态势、计划生育工作情况）人口计生预报预警工作体系，计划生育利益导向政策体系初步建立。

②调控流动人口，健全流动人口服务和管理。在认真实施广东省人大、省政府制定、修订的《广东省流动人员管理条例》基础上，广州出台了《广州市流动人员管理规定》《广州市房屋租赁管理规定》《广州市房屋安全管理规定》《关于全面推行签订出租屋流动人口计划生育责任书制度的通知》等二十多个地方性法规和政府文件，主要从户籍管理、居住管理、治安管理、就业管理和计划生育管理等五个方面，建立健全流动人口暂住登记、房屋租赁登记备案等制度加强对流动人口的管理，保障流动人口合法权益。根据流动人员密集、服务管理任务较重的实际，广州市政府设立了流动人口管理办公室，建成了集暂住登记、房屋租赁、劳动就业、工商登记、计划生育、缴税收费等服务管理功能于一体的全市流动人员治安管理信息子系统。

③依据资源战略和城市发展战略，调整人口分布。近几年，广州市重点加快天河、白云、萝岗、南沙等新区建设，以新区建设促进旧城改建。通过新区建设，外迁越秀、荔湾和海珠等旧城区人口，降低旧城区人口密度。旧城改建控制人口规模、建筑密度和建筑容量，提高了居住环境质量。根据《珠江三角洲地区改革发展规划纲要（2008—2020年）》《广州市城市总体规划2001—2010》，广州市人口发展战略积极配合全市以“1个主城区”和“6个副城区”为核心的新的产业布局定位，通过有效的人才吸引政策和管理服务措施，疏散主城区人口使其向副城区聚集。

2. 人口结构调整政策

①调整人口性别结构，解决出生人口性别比偏高问题。2009年4月1日，广州市发布并施行了《关于解决广州市城镇独生子女父母计划生育奖励问题的若干规定的通知》，制定了翔实具体的奖励保障方法，加大针对计划生育家庭户的

奖励保障力度，为广州市治理出生人口性别比偏高问题提供了法律和政策保障。通过有针对性的“两无”考核，即“镇 / 街无政策外多孩生育，村 / 居无政策外人口出生”，不仅有效维持了低生育率水平，而且也确保降低出生人口性别比水平；通过普惠型的计划生育奖励保障政策，旨在解决独生子女户养老和社会保障问题，逐步引导人们转变重男轻女的生育偏好。

②应对老龄化，健全养老保险机制，完善社会保障政策。2008 年广州市相继出台实施了被征地农民、农村农民、城镇老年居民养老保险等 10 项新政策，努力突破城乡二元体系，率先在全省实现养老保险制度覆盖城乡全体居民。按照广州市老龄事业“十一五”规划的相关要求，相继出台实施了居民医保、农转居人员医保、非广州市城镇户籍从业人员医保、普通门诊医疗费用统筹办法等多项新政策，力求实现医疗制度改革有所突破，加强社区医疗服务网络完整性。2010 年，广州实现在全市范围内执行统一的基本医疗保险和生育保险政策，并结合实际合理确定全市统一的基本医疗保险和生育保险缴费标准以及待遇计发标准。2010 年末，全市社会保险参保达 2081 万人次，通过阶段性调低缴费比例和缴费基数，累计为企业和参保个人减轻负担 53.4 亿元。城乡最低生活保障标准提高，各类优抚对象抚恤补助标准平均增幅 15.1%，基本上解决了群众的后顾之忧。

③保障人口健康，提升素质结构。一是全面推进出生人口缺陷干预工程。在全面推行自愿免费婚检、生殖健康教育和部分区试行免费产前医学检查服务的基础上，2009 年全市全面实施出生缺陷干预工程，保障出生人口素质提高。二是全面实施全民健康工程。2010 年 8 月 8 日起，正式实施《广州市全民健身条例》。三是严格执行职业安全与卫生标准，最大限度降低职业安全与卫生事故的发生。

④优化产业结构，强化就业培训，改善劳动力就业结构。2008 年 8 月，广州市下发了《中共广州市委、广州市人民政府关于加快推进广州市产业转移和劳动力转移的实施意见》，着力转变发展方式，腾出发展空间，大力发展现代服务

业、高新技术产业和先进制造业，提升产业层次，优化产业布局，全面提高广州城市综合竞争力。有利于减少人口数量、提高劳动力素质、优化劳动力结构和人力资源配置，顺应产业结构调整需求，加大高素质、高技能型劳动力供给，提高劳动力水平，减轻社会管理压力，为新一轮发展创造条件。

（二）人口调控政策取得一定成效

1. 生育政策执行效果较好，性别比偏高得到有效控制，计划生育率逐年提高

广州市人口与计划生育部门严格执行国家政策，认真整治人口问题，在治理人口问题中取得了较好的成效，为社会经济的发展提供了较好的人口环境。

一是新生儿出生性别比得到较好的控制。1998 年广州市出生性别比高达 119.87， 2008 年降至 112.21，虽然仍高于正常值，但是已出现下降趋势（见图 15）。不仅政策内出生性别比出现降低趋势，政策外出生性别比自 2002 年以来也出现降低趋势。

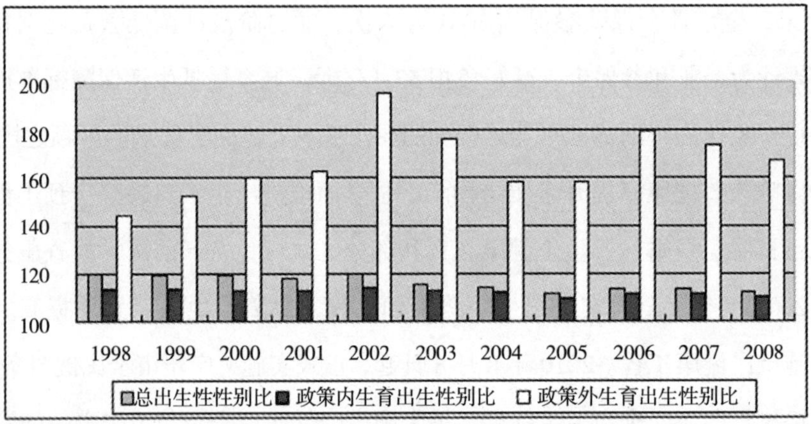

图 15　1998 ~ 2008 年广州市出生性别比

二是政策外生育得到较好的控制，计划生育率逐年提高。但是根据图 16 所示，从 1998 年以来的数据可以看出，广州市计划生育率处于逐年增加的趋势，2002 年以来一直稳定在 90% 以上，且仍处于增加趋势，人口计生政策效果比较明显。

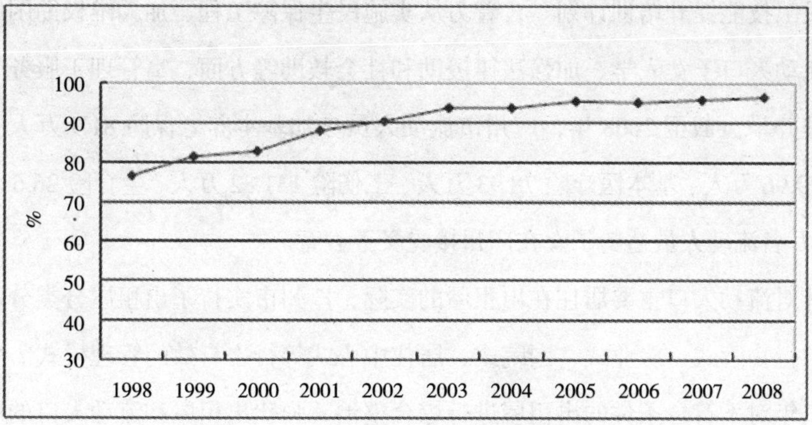

图 16 1998 ~ 2008 年广州市计划生育率

三是市民生育男孩偏好逐步降低。从群众对子女性别的看法来看，可从下表反映群众的基本看法，从表 10 中可以看到，一定要儿子的群众比例已经很低

表 10 市民的子女性别观念

	不管几个孩子，有儿子即可		
	同意	不同意	样本
农村群众	25.60%	74.40%	168
城镇群众	11.11%	88.89%	387
流动群众	23.42%	76.58%	111
总体	16.77	83.23	666

资料来源：广州市性别比综合治理机构调查。

2. 流动人口服务管理政策执行效果显著

广州市对流动人员的服务管理工作，力求在工作体制上从部门管理为主向政府综合管理转变；在管理导向上从限制型管理向服务型管理转变；在工作方法上从简单粗放向规范文明转变；在经费保障上从收费渠道向财税渠道转变，初步探索出了一条适合广州实际的流动人员服务管理工作新路子。近几年，广州大力加强就业培训，在市内建立起多个培训基地，实施了“农村青年技能培训工程”和

“农民工技能提升培训计划”，着力从实施民生保障工程、加大维权助困服务、解决流动人口子女入学、加强法律援助和社会救助等方面，寓管理于服务中，服务管理并举。截至 2008 年，广州市流动人员参加基本养老保险 81.9 万人、失业保险 79.96 万人、基本医疗险 78.93 万人、工伤险 131.82 万人、生育险 26.63 万人，有 43 万名流动人员适龄子女在广州接受义务教育。

针对流动人口主要居住在出租屋的实际，广州市实行了出租屋分类分层次管理，推行物管式、旅业式、围院式、居住中心式等行之有效的管理模式。广州市连续三年对不符合条件的出租屋进行综合整治，强化出租屋和流动人口的服务管理，使出租屋符合条件率由过去的不足 40% 提高到目前的 99.4%。通过推行“人来登记、人走注销”的旅业式管理模式，2010 年全市刑事、治安案件发案数同比下降 10.3%。安全生产形势保持稳定，2010 年事故起数、死亡人数比 2005 年分别下降 47.29% 和 41.75%。

3. 产业布局和产业结构大幅调整，部分改变人口的就业结构和空间分布格局

广州按照城市发展需要，构建了以服务经济为主体、现代服务业为主导、高新技术产业与先进制造业融合发展的现代产业体系，三次产业比例由“十五”期末的 2.5 ∶ 39.7 ∶ 57.8 调整为 1.8 ∶ 37.2 ∶ 61，产业“退二进三”和“双转移”步伐加快。2010 年，全市第三产业增加值达 6464.79 亿元，同比增长 13.2%，是 2005 年的 1.96 倍，对经济的贡献率达 61.2%。汽车、造船、石化、精品钢、核电装备等先进制造业不断发展壮大，加速向资本密集、技术密集和人才密集转型升级。产业转移带动劳动力培训和转移，促使广州地区人口总量和结构改善，初步形成了农村劳动力技能提升、人力资源配置明显优化的局面，对劳动力素质的要求越来越高，而相应的对劳动力数量的要求开始弱化。产业布局中心开始向东南部倾斜，中心区作为工业基地的地位已经下降，商贸服务产业功能加强，这就使得传统产业和人口分布加快了向近郊区和远郊区转移。这既促进了广州市经济结构优化调整，又缓解了城市中心的人口压力。

（三）广州特有的人口调控政策和措施

1. 常住人口调控制度

广州市实行人口准入条件与年度人口计划安排相结合的调控常住人口管理办法，建立了十类准入人员的人口准入条件，组成规范的、统一的全市常住人口准入条件政策体系。对符合广州市人口准入条件的不同年龄阶段、不同学历层次及紧缺人才工种等各类人员，由审批部门审核批准后，均可办理入户广州市的手续。从执行效果看，“十一五”时期户籍迁入指标为每年15万人左右，实际符合准入条件并获准入户的人数年均约为14万人，总量上没有突破计划。从各类准入条件计划和实现情况来看，“十一五”期间的计划安排主要以招生入学、人才引进和家庭团聚三类人员为主，分别占了计划总量的48%、25%、16%，其中人才引进类有3年突破了计划，可见广州市的入户政策正在朝着吸引人才方向倾斜。

表11　　中心城市2005~2009年户籍人口迁入数（人）

	广州	北京	上海
2005	14.96	21.61	12.96
2006	14.98	20.3	12.86
2007	15.96	17.55	14.67
2008	14.09	18.48	17.28
2009	15.83	18.97	15.72

资料来源：广州、北京、上海统计局网站。

2. 积分入户政策

2010年11月4日开始实施，广州市通过入户指标设置和指标分值加权，在非广州户籍人员入户过程中体现政府的人口调控取向。注重吸引人才，同时还注重了农民工对社会的贡献。积分制入户办法的积分体系包括基本分、导向分、附加分三大类，共12项指标。根据广州实际情况，设定住房、投资纳税等方面的指标，政策的导向作用十分明显。首先，积分入户有利于本地人和外地人之间融合，提升外来人员归属感；其次，积分入户导向性好，通过积分的方式引导外来就业人员的发展，让他们的行为与城市需求相衔接，实现个人与城市需要的对接。第三，积分入户政策优化了城市人口结构，对留住适用人才特别是骨干人才意义深远。广州市积分入户的导向效果突出。

3. 完善和充实居住证制度内涵

2010年1月1日起，全省开始实行居住登记和居住证制度。相比较更早推行居住证制度的上海，广州市通过完善居住证制度，充实居住证内容，丰富居住证的内涵，以提供差异化的公共服务，成为优化广州人口公共服务的技术支撑。流动人员居住证可在广州市按规定享有职业技能培训、公共就业服务、参加居住地址专业技术职务的任职资格评定或者考试、执业资格考试、执业资格登记等7类公共服务、同时还可以享有广州市依法参加社区组织和有关社会事务管理等，使居住证成为流动人员管理工作的一项重要工具。截至2011年10月25日，全市共签注居住证758.4万张，使得大量流动人口纳入到有效管理体系之中。

（四）现行人口规模调控政策存在的问题

1. 相关政策之间呈现碎片化，政策效能一定程度上被相互抵消

①积分入户和积分入学政策尚不完善。鼓励农民工积分入户，但他们户籍地的土地和宅基地问题没有相应解决办法，而且积分入户名额少门槛较高，使得很多希望来广州的人员卡在门外。鼓励外来人员子弟享有公平的教育权益，但义务教育的权益转移机制尚未建立和完善等，有限的公办教育资源远不能满足增加的外来人员子弟需求。

②老龄化与低人口增长并存，社会保障政策一定程度上存在缺陷。一方面，随着老龄化进程逐渐加快，国家倡导家庭养老，积极推行“以家庭养老为主，社会养老为辅”的养老政策；另一方面，随着社会经济的发展，生育率和自然增长率稳定在较低水平，未来可能出现1∶2∶4∶8的家庭结构，导致家庭

养老功能急剧弱化。家庭养老功能的急剧弱化需要相关功能来填补，而填补的承担者应该是国家的养老保险制度和社会养老安排，然而，相关的制度设计缺陷依然存在。

③老龄社会保障与社会福利政策碎片化。现有的涉老政府法规大多散落在各政府部门的政策文件中，专门针对老龄人群的相关法律法规较少，且缺少系统性、完整性与可操作性。广州市虽然目前已经做到了对户籍老年人的社会保障与社会福利的全覆盖，但是目前的保障强度不足，特别是农村老年人的保障强度很低。流动人口的各种社会保障与社会福利的区域流转存在着很大的制度性障碍，尽管目前状况正在逐渐改善，但还存在着一定程度的城乡与区域隔离现象。

④户籍政策和公共服务不相协调，"新二元结构"问题突出。一方面，大城市要执行比较严格的控制户籍政策，保证城市居民的总量和素质；另一方面，又要求本、外地就业政策一体化，社会保障和基本公共服务均等化。这无疑将加大类似广州这样中心城市的压力。目前，广州基本公共服务的供给对象很大程度上仅限于常住户籍人口，大量的常住非户籍人口仍游离于基本公共服务之外。来穗人员的持续快速增长，特别是在来穗人员集聚区域，公共服务资源紧张、城市管理压力巨大、社会治安形势严峻以及群体性矛盾风险积聚等问题较为突出后，成为影响社会稳定和谐的重要隐患。由户籍身份不同所导致的一系列制度安排差异依然存在，以家庭形式存在的常住人口增加，通常意味着公共服务供给和财政压力增大。流动人口与户籍人口在制度与服务获得方面差异明显，形成了"新二元结构"。

2. 产业政策对人口资源的配置效果有待进一步加强

目前广州市产业结构中仍存在为数不少的低端制造业和大量传统第三产业，与广州的城市定位不相适应。广州市产业高级化程度不够，高科技产业占工业总产值的比重和信息、计算机软件与金融服务等高端服务业占第三产业的比重两项指标都远低于上海、北京。进一步发挥产业和劳动力双转移战略政策效应对于控制广州市人口总量和优化人口结构的任务还较繁重。人口供给与经济社会发展需求、产业结构高速的相关度还不高，尚未形成人口流动与产业结构调整的良性循环。产业升级中的人才素质有待加强，出现广州人口构成与社会经济的人才需求之间的结构性错位，存在产业升级对人才需求的“吸纳”效应与新兴产业拒绝低技能劳力的“挤出”效应。这一结构性错位引起的矛盾，在今后产业升级过程中应给予更多的关注。

3. 以行政手段调控为主，相关手段配套衔接不够

目前对于人口规模控制和结构优化的政策，无论是常住人口调控制度、积分入户政策，还是居住证制度，主要还是依靠行政手段推进，尚未实现行政、经济、规划、法律以及社会管理等手段综合运用、协调配套。尤其是从社会管理理念出发的政府部门、社区、个体参与相互配合的人口的多元社会管理体制尚未完全形成，社区群众尤其是外来人口参与人口服务与管理的意愿仍不强烈，市场引导人口流动的作用尚未充分发挥。对于外来人员举家迁移现象关注不足。从而导致公共政策效能往往不尽如人意。

4. 人口政策信息系统和服务管理机制有待完善

一是人口管理工作基础资料涉及公安、卫生、民政、就业和劳动、人口等，目前广州还没有建立信息共享平台，人口管理信息难以共享，致使人口管理处于相对被动局面。二是人口入户准入的审批工作处于多头（省、市、区三级）审批和分散（人社局、组织部、教育局、民政局等部门）审批的状态，各审批部门之间缺乏协同有效的联动管理工作机制。三是尚未真正形成一个高效的人口综合管理职能部门。四是由于各相关职能部门职责不清，相关政策的碎片化现象等严重问题尚未引起足够重视。

五、人口规模调控的政策框架和主要建议

（一）广州城市定位与基本理念

控制特大城市的人口规模和优化人口结构，需要政府的有序引导、合理规划和有效管理，也需要遵循市场机制和人口发展的一般规律，同时必须要有一定的产业、环境、资源、公共服务政策相匹配。广州市目前的人口问题，主要是人口与产业不相匹配的结构性问题，这就要求广州市在控制人口规模时，尤其对于流动人口的流入和流出，要根据自身特点，以优化人口结构为切入点，基于开放和包容的理念，要有开放的胸襟，以城市定位、市场导向和产业需求为出发点，秉持对于符合经济社会发展需要的劳动力给予公平机会的理念，不搞围城主义，不搞自我封闭，不搞歧视政策。

当前和未来的一段时间内，广州市的人口规模调控首先要立足于广州的城市定位，具体来讲就是按照“一个总目标”（加快建设国家中心城市）、“一个核心任务”（率先加快转型升级、建设幸福广州）、“两个战略重点”（建设国际商贸名城和世界文化名城）、“四个转型升级”（经济发展、城市发展、文化建设和社会建设转型升级）的总体思路，为加快驱动广州科学发展，建设广东全省宜居城乡“首善之区”，营造良好的人口环境。总体目标是有效控制人口规模，积极优化人口结构，确保改善民生。依据广州城市定位和发展趋势，来谋划人口规模控制和结构优化方面的工作思路。

1. 三大支点

广州市人口调控工作的“三大支点”，一是以“双向选择”为支点，建立人口流动机制。以产业政策引导带动人口流动，建设与城市定位相适应的人居环境，按照城市发展规律和市场机制，实现城市与市民双向选择，让城市选择人口，让人口选择城市，使城市更有活力；二是以“转变方式”为支点，改革城市管理方

式。根据城市定位，结合资源环境承载力，按照宜居标准，重塑居民生活方式，改革政府管治模式，大力推动云计算等现代技术手段在人口服务和管理中的运用；三是以“动态平衡”为支点，完善公共服务机制。建立公共服务资源与适度规模人口之间的动态供需平衡机制，实现公共服务资源供给与市民需求的总量匹配、结构匹配和动态匹配。

2. 三个坚持

广州在人口规模调控中要坚持政策引导与市场选择相结合，综合运用行政手段、经济手段和法律手段；坚持调控人口规模与转变经济发展方式、优化产业结构、推进城市规划、完善公共服务、加强社会管理等相结合；坚持调控人口规模与提高人口素质、改善人口结构、优化人口布局相结合。

3. 三大适配

人口因素作为在经济社会发展中具有基础性、长期性和全局性影响的重要因素，必须与其他影响因素相适配，做到良性互动、协调发展。一是人口与产业结构相适配。依据产业结构的调整规律和趋势，优化人口结构，适应、支撑和促进产业的发展；根据不同城区优势产业定位不同，相应制定不同的人口、人才规划方案和政策。二是人口与资源环境相适配。以资源环境承载力为依据严格约束广州的人口总量，密切关注广州市土地资源与水资源的供需问题，努力突破资源“短板”，按照现有资源环境的承载能力合理调整广州市人口规模及分布，建设“宜居”广州。三是人口与公共服务相适配。根据城市承载力明确并保障适合广州城市定位的公共服务资源供给，加强对公共服务资源的合理配置和有效整合，实现服务效能最大化，确保公共服务供需平衡。

（二）若干思考与政策建议

1. 树立大人口理念

完善保障机制，建立党委领导、政府负责、社会协作、公众参与的良性工作格局，建议设立广州市人口发展专门机构，以专设机构统筹整个人口服务管理与规模调控。

树立大人口理念，将人口工作置于城市重要发展战略地位；明确人口规模调控是政府、社会、企业、家庭和个人多方合力的结果，构建政府为主导，企业、家庭和个人为主体，社会努力参与的多方协作机制；发挥市委市政府全面统筹人口调控的功能，促进人口调控政策与其他相关政策的有效整合；在完善各部门自身职能的基础上，逐步形成并完善有效的人口调控工作决策和机制。

着力进行相关制度的顶层设计，理顺人口规划、人口服务、人口管理等关系，在条件成熟时，以转变政府职能为基础，设立广州市人口发展专门委员会作为人口调控工作的非常设职能部门（机构），赋予统筹协调解决全市人口问题的职能。各区（市）应健全有关人口科（室）配置，建立市区街居“四位一体”的人口服务管理运行机制，构建纵向到底、横向到边的网格化人口服务管理架构。配备专门编制和人员，确保工作经费，统筹涉及人口的相关工作。

2. 控制人口总量

以常住人口规模调控为目标，稳定户籍人口增长，合理调控流动人口规模；以珠三角一体化为契机，构建珠三角地区人口规模调控协调委员会等动态平台。

广州市人口压力主要来自于常住人口规模过大、增长过快，理顺常住人口、户籍人口、流动人口之间的数量和结构关系是广州人口规模调控的基本前提。在稳定户籍人口增长方面，按照国家户籍制度改革的方向，逐步改善广州户籍迁移和管理政策，合理调控户籍人口机械增长。加强对流动人口的服务和管理，一是提高广州市人口计生工作服务和管理的整体水平，积极探索有广州特色的计划生育奖励扶助制度，完善计划生育利益导向机制，强化流动人口计划生育信息双向交流机制，实行现居住地和户籍所在地共同管理、现居住地管理为主的工作格局，探索建立流出地与流入地密切协助的工作机制，稳定流动人口低生育水平；二是利用政策引导与市场选择相结合的方式，紧扣区域间产业结构差别和城市规划要求，以大型交通基础设施建设为契机，促进流动人口合理有序流动和科学布局；三是加强珠三角地区人口规模控制的协调与配合，建议设立“珠江三角洲地区人口规模调控协调委员会”，促使珠三角地区人口总量控制和结构优化。

3. 发挥户籍政策导向作用

以积分入户为导向，丰富居住证制度内涵，大力引进产业所需人才。

以深化户籍制度改革为依托，不断弱化户籍的粘附功能，以完善居住证制度为手段，以科学设置准入条件为基准，形成“行政引导 + 市场调节 + 社会管理与服务”的人口规模调控格局，以“政府引导、市场选择、服务支撑”作为原则，围绕广州市城市定位，优先满足广州市“四个转型升级”所紧缺的高端人才和技能型人才。构建以个人素质和实际贡献入户为主的多层次入户政策体系，实现产业政策与人才政策的充分衔接。做好户籍制度与居住证制度的对接工作，既要保持居住证在满足基本公共服务方面的作用，又要发挥户籍制度对人口的调控和引导作用。进一步丰富居住证制度的内涵，重视居住证作为广州市相关政策保障载体的作用，在居住证现有功能的基础上整合社会保障、子女入学、住房保障等功能，逐步实现向居住“一证通”制度的过渡，使居住证制度成为户籍制度的有效补充。为加强对于外来人员（含外国来穗务工和非法滞留人员）的服务和管理，建议在全国率先试行与居住证配套的统一的“务工证”制度，将相关人口、就业、社会保障、诚信记录等信息统一纳入其中。

合理设置居住证到户籍的梯度分层，根据来穗人员的个人素质和实际贡献，以积分的多少划分不同梯度层次，如设置积分等次限额享受入户待遇、积分数量享受子女入学待遇等。继续充分发挥“积分入户”政策的导向作用，积极发挥“积分入学”政策的调剂作用，在社会资源与公共服务的享受方面做到合理差异。

4. **发挥产业引导作用**

建立重大投资项目的人口资源环境评估机制，通过产业转型升级，以优化产业结构引导人口流动和分布。

按照政府引导与市场主导相结合、产业布局调整与优化城市功能相匹配的原则，从整体上优化广州市产业结构，发挥产业政策对人口配置和分布的引导作用。建立重大投资项目的人口资源环境评估制度和对出现严重后果的项目一票否决制度。充分发挥政府、企业、社会组织等的作用，制定适应产业结构调整的教育培训制度和人才引进制度，增强广州市经济活力和发展后劲，为此，要创新经济政策引导机制，利用好市场选择的作用，同时在教育、医疗、住房、养老等方面做好“转出”人口的后续保障。

广州市的产业结构升级必须以人才结构优化为前提，加快人才引进工程的实施，逐步由“为产业配备人才”升级到“以人才引领产业”阶段，充分发掘高层次人才对产业的引领作用，加大广州市相关科研投入力度，构建创新型产业化平台，建立高层次人才特殊保障机制，营造让高层次人才安心工作、充分施展才能的最优环境。合理规划和配置基础服务业人口的规模和分布。

5. **优化人口区域布局**

加强城市规划在调控人口规模中的先导作用，建议适度拓展市区管辖范围，变更部分土地用途，扩大有效土地供给，增强容纳人口规模增长的能力；建立现代交通系统，打破交通对人口分布的限制。

以现代化的城市规划理念合理设置广州市城市公共资源，尤其是大型公共交通设施的布局，疏散主城区与发展新城区相配合，均衡基础设施建设和分布，引导城市内部人口有序流动，优化人口结构和布局。加快城中村改造进程，改变城中村“为城市流动人口提供廉租房的低收入社区”的定位，逐步消除城中村对广州市相关人口政策的稀释作用，在中心城区适当提高企业用人和人口迁入门槛，在核心城区推行以生活成本控制外来人口无序流入。建立完善统一的社区制度，创新社区工作机制。积极探索建立在居住证基础之上的、吸纳非户籍常住人口参与社区自治的新途径；完善社区各类管理和服务设施建设，建立以信息技术为驱动、服务主体多元、服务门类齐全、服务手段完善的社区服务新体系；以社区为人口政策施行的基础单位，加大政策贯彻执行力度，以便于政策效果的及时反馈与修正完善。

结合广州市建设国家中心城市和南沙新区建设上升到国家战略的机遇，发挥南沙位处珠三角“几何中心”的优势，适度拓展广州市管辖范围，扩大或变更现有部分保留用地用于改善民生，扩大有效土地供给，增强容纳人口规模增长的能力，转变原有以户籍人口规模为标准的传统思路，建立以常住人口规模为标准的有效土地供给制度。根据广州市五大功能区划定位，合理布局人口容量，尤其是配合广州市人口向郊区转移的战略部署，加紧广州市城市交通系统的建设，优先发展公共交通，以公共交通基础设施建设为前提，以提升运输能力作为保障人口外迁的手段，尽快扩大公共交通规模，提升公共交通服务质量。处理好城市开发、人口聚集与公共交通共生的问题。建立实时交通状况播报预警机制，引入云计算等现代技术手段，引导人口布局和交通资源配置，坚持交通管理智能发展，强化交通需求管理理念，更加有效地使用交通资源。

6. 完善住房保障制度

以差异化的住房政策引导人口流动，充分发挥住房政策在优化人口结构方面的过滤功能。

广州市住房保障政策应与城市长远发展目标相适应。首先是要严格控制老城区大型住宅楼开发项目，有效降低容积率，同时严格控制大型公共服务建设项目，严格限制教育、医疗、行政办公等大型服务设施的兴建和扩建，以有效控制主城区人口规模；其次，鼓励在城郊和郊区（市）发展房地产项目，大力兴建公共服务设施，以分流市区人口，尤其是廉租房等带有公益性的住房项目，必须大力推向郊区；再次，要转变原有住房政策定位，破除单纯增加住房供给的原有思路，结合城市定位和产业政策来推动城市住房政策改革，逐步过滤掉住房背后的社会资源不公平占有。通过调控住房的分布和数量，充分发挥商品住房对优质人才的引导和普通人口的限制作用，充分发挥保障性住房对常住人口的保障作用，充分发挥住房政策在优化人口结构方面的过滤功能。

7. 优化户籍与常住人口构成

引导普通外来人口合理流动，大力开发广州籍人口资源。

结合重点整治城乡结合部和低端产业用工需求，加强和完善出租屋管理。遵循市场机制规律，发挥最低工资制度的过滤功能，间接控制外来普通劳动力的过量流入。目前影响广州市人口规模总量调控和素质结构提升的重要难题，是城乡结合部存在大量低端产业和大量低教育水平劳动者。这不仅增加了实际管理人口数量，也加大了人口控制难度，并且使这一区域成为违法犯罪、制假造假高发区域。加紧修改《广州市出租屋管理条例》，对于违法滞留人员进行清理。建议市人大立法，从更高层级制定统一可行的出租屋管理办法。遵循市场配置资源的基础性作用，对于落后产业进行市场自然淘汰和政府引导转移相结合的措施。要发掘最低工资制度对于不同素质劳动力的过滤作用，利用劳动力市场价格机制，以提高最低工资水平为导线，提升广州市整体工资水平。实行有差别的弹性最低工资标准，以合理引导企业提升劳动者素质，同时引导产业转型升级和发展高端产业。利用市场经济供求调节，一方面迫使企业加速转型和促进产业结构升级，降低对普通劳动力的依赖程度；另一方面，通过培训提高就业人口素质，限制普通劳动力的使用，为广州市实现城市定位储备足够的人才。

大力开发广州本地户籍人力资源，提升人力资本存量，促进人口规模调控，稳定产业后备力量。针对本市新增户籍人口就业压力仍然较大现象，应统筹考虑控制广州市人口规模、优化人口结构和满足产业需求的关系，重点处理好广州市户籍人口与流动人口关系，在限制人口规模的机械增长和优化外来人口结构的同时，应大力开发广州本地新成长人力资源，包括有劳动能力和劳动意愿的中老年人力资源。一方面缓解人口压力、就业压力和老龄化压力；另一方面也为应对珠三角“民工短缺”提供稳定的后备军，为产业升级提供优质人力资源。通过教育培训实现本市户籍劳动力，尤其是新成长劳动力的素质的提升，特别引导本地劳动力从事传统生活服务业，变本地户籍人口负担为人力资源优势，缓解产业发展对外来人口过度依赖给城市带来的外部压力。

8. 研发和完善人口信息决策支持体系，做好人口规模调控的预测预警工作

加快推进、整合和完善广州市人口信息化工作，完善全员信息库，建立信息采集、更新、评估、统计、监测、预报、预警和信息发布机制，统筹人口数量、结构、素质、分布之间关系，统筹人口与经济社会发展、就业社会保障及资源环境之间关系，引入云计算和大数据等现代技术引导人口资源配置，为人口决策提供技术支撑。

值得关注的是，应建立全市统一的人口监控网络信息体系和预警预报机制，利用现代技术手段实时监控区域人口规模和结构，根据人口状况调整公共服务供给，确保公共服务供求动态平衡，构建基于云计算模式的特大城市控制人口工作的基础信息工程，是广州市人口规模调控的基础工程。加紧进行研究和技术开发，在条件成熟的时候，择机推出广州市人口发展和家庭指数。

9. 创新社会服务管理体系

以珠三角一体化为依托，建立统一的社会服务管理和社会保障体系，破除社会保障对人口流动的限制，充分发挥市场机制的作用，大力推进社会保障的立法工作。

针对流动人口的特点和举家迁移的新趋势，充分发挥就业和社会保障的引导功能，在相关法律框架下进行机制创新，缓解就业和社会保险压力，形成具有广州市特色的人口、就业、保障一体化新机制。在常住人口中开展幸福家庭促进计划，筑牢人口控制的基础。紧密结合珠三角“五个一体化”规划，做好广州社会保障体系与其他城市社会保障体系的衔接工作，破除社会保障对人口流动的限制，消除社会保障政策差异对于人口的粘性作用，最终形成泛珠三角社会保障一体化体系。

继续完善以家庭养老为基础，社区养老服务网络为辅助，公共福利设施养老为补充，社会保险制度为保障的多元化养老体系，加强对社会养老结构的扶持力度，促进民间资本向养老事业发展。合理规划养老、医疗等资源向郊区或副城市中心分布，以有效引导人口流动，缓解人口过度集中的压力。大力推进社会保障制度的立法工作，以法律形式巩固现有的合理制度，逐步形成具有广州市特色的人口、就业、保障一体化新机制。

10. 构建立体公共服务体系

降低户籍的福利含量，建立“基本公共服务均等化、中高端公共服务差异化”的公共服务体系，发挥公共服务引领和优化资源配置的作用。

通过持续不断的深化改革，逐步降低户籍制度的福利含量和对人口的粘性，发挥公共服务的引领作用，建立公共服务资源与适度人口规模之间的供需平衡机制。根据城市承载力，明确并保障适应广州市城市定位的公共服务资源总量，要进行公共服务资源的结构性优化配置，为应对老龄化等社会问题预留提前量。优化基本公共服务均等化机制，发挥政府的主导作用，以政府、市场和社会三方共同完善基本公共服务供给，切实解决“供给不足”和“供给不均”等两难问题；将公共服务按照一定标准划分为不同的梯度层级，探索构建“基本公共服务均等化、中高端公共服务差异化”的立体公共服务体系，并与居住证积分层级挂钩，缓解公共服务需求压力，通过多层级公共服务优化人力资源配置，引领人口合理分布。同时，积极探索构建有利于人口规模控制、结构优化和引导人口合理流动的长效机制，使人口规模调控和结构优化为建设幸福广州提供强有力支撑。

报告六

深圳市人口规模调控调研报告

蒋同明 *

本报告从深圳市人口变迁特点入手，总结其人口规模调控的经验与教训，找出深圳市人口规模调控面临的困难和挑战，提出促进人口与资源环境、产业协调发展的意见建议。

一、深圳市人口变迁特点

随着深圳经济社会的不断发展，人口规模和人口结构不断发生着变化，不同发展阶段的人口结构呈现不同的特点。

（一）人口增长趋势放缓，流动人口比例大

自特区成立后，深圳市便成为了典型的移民城市，随着经济的快速发展，城市人口先后经历了多次“爆炸式”增长，从 1979 年建市之初的 31.41 万人口快速增长到 1046.74 万人（2011 年底），其中流动人口从 1979 年的 0.15 万人迅速增长到 1990 年的近百万人，年均增长率高达 80.46%。到了 20 世纪 90 年代，随

* 作者单位：国家发展改革委经济体制与管理研究所。

着改革稳步深入和市场经济的日趋成熟，深圳市流动人口迎来了第二波高峰，流动人口总量由1990年的99.13万增至1999年的512.71万，不到10年增长了4倍多，年均增长20.32%。进入21世纪以来，深圳市流动人口增速有所放缓，年均增速不到3%，但是人口规模持续扩大，其中流动人口由2000年的576.32万增至2011年的778.85万，常住人口总数突破千万大关，成为名副其实的特大城市，实现了从“小渔村”到“国际化大都市”的腾飞与转变。从全国范围看，深圳市是全国流动人口最为集中的城市之一，其流动人口一度超过北京、上海和广州，多年位居全国第一。外来人口持续不断地流入深圳，使得深圳一直拥有着经济快速发展所需要的大规模的年轻劳动力。

（二）人口密度大，区域分布不均匀

2011年底，深圳市人口密度高达5256人/平方公里，同2001年的3638人/平方公里相比，每平方公里增加了1618人。总的来看，深圳市人口密度高，是全国人口密度的37倍多，是广州市的3倍多（见表1所示），居全国之首。其中福田区每平方公里人口接近1.68万人（见表2所示），高于北京首都核心功能区（东城区和西城区）的人口密度（1.43万人/平方公里）。2013年初，美国《福布斯》杂志公布了世界人口最稠密城市排行榜，深圳市仅次于孟买、加尔各答、卡拉奇、拉各斯，位列全球第五。从常住人口地区分布看，深圳市的人口空间分布并不均匀，福田区、罗湖区、宝安区和南山区的人口密度明显大于盐田区、龙岗区、光明新区和坪山新区，人口分布不均造成市中心人口拥挤、环境质量差，而郊区城市化发育程度低。

表 1　深圳市和国内其他特大城市的常住人口增长比较（万人、%）

项目	深圳	上海	北京	天津	广州
2001 年	701	1668	1385	1004	997
2011 年	1047	2347	2019	1355	1275
增长数	346	679	634	351	278
增长率	49.36	40.71	45.78	34.96	27.88
2011 年人口密度（人/平方公里）	5256	3702	1230	1137	1755

资料来源：《中国统计年鉴 2012》《广东统计年鉴 2012》《深圳统计年鉴 2012》。

表 2　深圳市常住人口的地区分布情况

地区别	常住人口（万人）	人口密度（人/平方公里）
深圳市	1046.74	5256
福田区	132.52	16848
罗湖区	93.10	11822
盐田区	21.10	2827
南山区	109.99	5895
宝安区	406.14	7154
光明新区	48.69	3133
龙岗区	203.91	2986
坪山新区	31.28	1873

资料来源：《深圳统计年鉴 2012》。

（三）人口发展与产业结构调整同步进行，服务业劳动力比重逐步提高

深圳人口的高速发展与经济发展密切相关。在不同的产业发展阶段深圳引入了大量劳动人口，深圳产业结构的调整也与劳动人口的产业迁移流动同步进行。从各产业产值与劳动就业的比重变化来看，第二产业产值的比例在逐步下降，劳动力比例在逐步下降；服务业产值比例在逐步上升，劳动力比例在逐步上升。

（四）人口年轻化程度高，仍处于“人口红利”期

第六次人口普查数据显示，深圳市常住人口中，0 ~ 14 岁人口为 101.88 万人，占 9.84%；15 ~ 64 岁人口为 915.64 万人，占 88.40%；65 岁及以上人口为 18.28 万人，占 1.76%。全市人口平均年龄为 30 岁左右，15 ~ 64 岁人口占总人口的 88.40%，明显高于北京、上海和广东的比例（见表 3 所示），是典型的“两头小，中间大”的年轻型人口结构，处于旺盛的“人口红利”期，仍具有较好的发展优势和活力。

表 3　　深圳市和国内其他特大城市的人口结构比较

	深圳	北京	上海	广东
0 ~ 14 岁	9.84%	8.6%	8.63%	16.89%
15 ~ 64 岁	88.40%	82.7%	81.25%	76.36%
65 岁及以上	1.76%	8.7%	10.12%	6.75%

资料来源：全国第六次人口普查。

（五）人口文化水平不断提高，人力资本存量逐年增加

进入 21 世纪以来，深圳市人口文化水平不断提高，人力资本存量逐年增加，其中在 2000 ~ 2010 年间，深圳市常住人口中，每 10 万人中具有大学程度的人数由 8060 人上升为 17175 人，增长了 1.1 倍；具有高中程度的人数由 22338 人上升为 23965 人；具有初中程度的人数由 52170 人下降为 44050 人。尤其值得一提的是，10 年来具有大学程度的人数增加了 121.41 万人，平均每年增加 12 万人。这与深圳市实施积极的吸引人才战略密切相关。

二、深圳市人口规模调控的经验

多年来，深圳市在人口规模调控方面取得了很多有效经验，其中通过产业转型升级有效控制人口规模，通过优化城市空间格局来合理引导人口分布，同时不

断完善公共服务业，在人口管理体制方面取得多方面创新。

（一）通过产业转型升级，有效调控人口规模

自20世纪90年代开始，深圳市开始进行产业转型升级，先后出台了《中共深圳市委深圳市人民政府关于加快转变经济发展方式的决定》《关于加快产业转型升级的指导意见》《深圳市加快产业转型升级十项重点工作（2011—2015）》《深圳市加快产业转型升级配套政策》等文件，实施鼓励技术、资本密集型产业优先发展的政策，使劳动力技能、素质结构充分满足产业结构优化升级的需要。通过合理确定和调整限制发展类和禁止发展类产业，依法淘汰国家明令禁止、无证无牌、排放超标、恶意欠薪、安全隐患严重和产能落后企业。对重点区域特别是观澜河、龙岗河和坪山河流域等区域集中开展清理整治专项行动，关停和淘汰"三河流域"电镀、小五金、印染、皮革鞣制和铅蓄电池等领域的污染企业和落后产能，同时加快发展高新技术产业和现代服务业，加速壮大战略性新兴产业，推动了从业人口的结构置换。

此外，深圳市还积极探索发展"飞地经济"，实现产业转移，积极推进产业转移工业园建设。通过与粤北山区及东西两翼联手共建有7个"省产业转移工业园"，分别是福田（和平）、龙岗（吴川）、罗湖（源城）、南山（潮州）、龙岗（汕头潮南）、深圳（汕尾）、南山（龙川）产业转移工业园，有效推动了劳动密集型产业和劳动力的"双转移"，一些劳动密集型企业向内陆地区迁移，劳动力随之迁移。其中，福田区确立了"环境立区"战略，提出了"1＋3"经济架构（即以总部经济为龙头，以高新技术产业、现代服务业、文化产业为支柱）为主体的产业高端化发展道路，以取代一般加工业、服务业和制造业，防止产业空心化。此外，福田区还采取"腾笼换鸟"策略，大力改造城中村和旧工业区等，将部分劳动密集型、低质低效耗能型产业淘汰出去。如田面旧工业区改造成"设计之都"，沙尾旧工业区改造为华南地区最

大的工艺品交易广场，上沙旧工业区改造成手机工业园区，等等。仅这3个园区就迁出“三来一补”等低端企业150多家，置换进来了一大批高端产业。随着大量的低质、低效型企业的外迁，大量素质相对较低的工人迁出了福田，客观上优化了福田的人口结构。龙岗区通过严把产业准入关、淘汰低端企业等措施，促进产业优化升级，有效转移低端人口，从源头杜绝低端产业落户，禁止新建和扩建电镀、线路板、制革、印染、养殖等高污染项目；按照产业导向目录，实行建设项目产业审查制度，对企业的投资强度、万元GDP水耗及能耗严格审核，近三年内淘汰低端企业5002家，推动产业由劳动密集型向技术密集型转化，仅2012年就清理淘汰了低端企业1616家，淘汰低端产业人口6.68万人。罗湖区为了加快产业转型升级，专门出台了“产业转型升级专项资金管理1+10文件”。“1”是指《罗湖区产业转型升级专项资金管理办法》，它是各实施细则的总领文件；“10”是指扶持金融、现代服务、黄金珠宝、文化创意等重点产业以及科技创新、总部经济、品牌连锁及品牌代理、招商引资、节能减排、知识产权与标准化战略等重点领域的10个实施细则。通过产业转移和新兴产业的兴起，罗湖区在推动人口调控方面取得了事半功倍的效果，其中水贝珠宝片区荣获“全国外贸转型升级专业型示范基地”，高新技术第一园区转换产业面积7.9万平方米，人员减少一半，产值增加3倍，税收增加5倍，“腾笼换鸟”效益凸显，在促进产业结构升级的同时，有效控制了人口数量，提高了人口素质。

通过一系列产业调整，深圳市就业结构发生了明显的变化，从2009年至2011年间深圳市行业从业人员数变化情况来看，水利、环境和公共设施管理业，文化、体育和娱乐业，农、林、牧、渔业和采矿业从业人员减少幅度较大，金融业、科学研究、技术服务和地质勘查业，租赁和商务服务业，交通运输、仓储和邮政业从业人员增加幅度较大，人口调控成效初显（见表4所示）。

表4　深圳市近三年来行业从业人员数变化情况

	2011年	2009年	增加数	增长速度(%)
年末社会劳动者合计	7645422	6924853	720569	10.41
农、林、牧、渔业	3217	4386	-1169	-26.65
采矿业	1134	1343	-209	-15.56
制造业	3583267	3545750	37517	1.06
电力、燃气及水的生产和供应业	22662	20385	2277	11.17
建筑业	222045	168988	53057	31.40
交通运输、仓储和邮政业	294429	203542	90887	44.65
信息传输、计算机服务和软件业	183177	145510	37667	25.89
批发和零售业	1509714	1146981	362733	31.63
住宿和餐饮业	278154	333376	-55222	-16.56
金融业	142368	90983	51385	56.48
房地产业	242690	277060	-34370	-12.41
租赁和商务服务业	438525	290634	147891	50.89
科学研究、技术服务和地质勘查业	147972	94789	53183	56.11
水利、环境和公共设施管理业	25112	38597	-13485	-34.94
居民服务和其他服务业	236133	232794	3339	1.43
教育	99587	122683	-23096	-18.83
卫生、社会保障和社会福利业	59671	55942	3729	6.67
文化、体育和娱乐业	27832	40249	-12417	-30.85
公共管理和社会组织	127733	110861	16872	15.22

资料来源：《深圳统计年鉴2010》《深圳统计年鉴2012》。

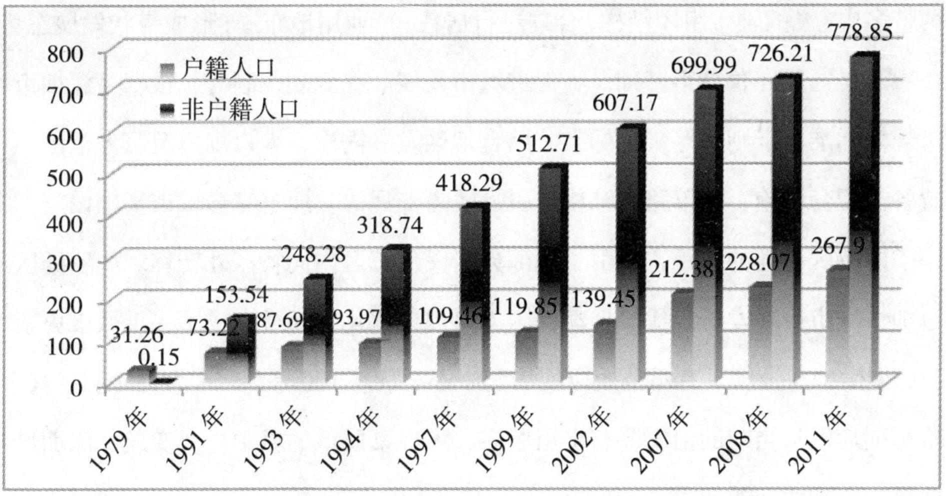

图1　深圳市非户籍人口与户籍人口比例变化图

资料来源：《深圳统计年鉴2012》。

从非户籍人口增长速度来看，在经历了建市之初的快速增长以后，近二十年来，增速逐步放缓，尤其是进入新世纪以后，维持在5%以下，但户籍人口增速稳中有升（见图1所示）。这表明近年来深圳市出台的一系列人口规模调控政策起到了明显的效果。

（二）优化城市空间格局，合理引导人口分布

一是通过城市建设用地指标来合理控制城市规模。根据《深圳市城市总体规划（2010—2020）》，到2020年，深圳市城市建设用地控制在890万平方公里内，人均建设用地控制在81平方米以内。总体上看，深圳市在控制城市规模方面做到了从严控制土地供应总量，严格控制新增土地供给，努力扭转粗放利用模式，将建设重点放在已开发区域的更新改造上，同时以结构性、差别化的土地供给，引导空间资源向产业转型升级的重点方向、重点领域、重点行业和重点企业配置。

二是通过组团发展来优化城市空间结构。根据市情市况，确定了以中心城区为核心，以西、中、东三条发展轴和南、北两条发展带为基本骨架，形成“三轴

两带多中心”的轴带组团结构，合理进行居住、产业用地布局，形成带状发展态势。

三是通过完善城市基础设施促进城市发展。在规划编制时，根据《深圳市城市规划标准与准则》等规范标准，结合地区发展需求、人口规模及服务范围，布置各类配套设施，完善路网结构，引入轨道交通等。通过完善城市基础设施，缩小了原特区内外的差距，吸引了一部分居民从特区内向特区外转移。如罗湖区通过加快城市更新发行步伐，推动辖区人口规模优化，相继完成了一批城市更新项目，催生出在全国具有示范效应的华润中心、京基100等都市综合体项目。其中，蔡屋围片区从当初的治安差、出租屋多、人口素质低的城中村，变成了深圳最新地标、全球性金融标志之一。

四是通过产业用地布局引导产业转型升级，提高就业门槛，引导劳动密集型产业人口外迁，降低中心城区人口密度。如罗湖区结合产业规划对占城区总面积近四分之一、总计8平方公里的区域进行城市更新规划和产业规划，全力打造出更强大、更完善的城市市政支撑系统，并向市场提供适合现代服务业、高端服务业、文化创意产业及总部企业发展的产业空间。

五是借助特区一体化建设的区域特色和统筹推进策略，加快了深莞惠一体化发展。“深莞惠经济圈”内产业的升级带动人口转移、城际交通无缝对接降低通勤成本、土地集约节约利用改变居住格局、社会事务及公共管理水平的提升则改善了人居的舒适性，促进了深圳市内人口适度向周边地区疏散。

（三）完善公共服务体系，创新人口管理体制

一是先后开展了流动人口和出租屋管理体制改革。从2008年8月开始，深圳市正式推行居住证制度，对流动人口实行“前台服务，后台管理”，探索出“以证管人”、“以业管人”的流动人口服务管理新模式。其中，罗湖区牢牢牵住出租屋和流动人口这一“牛鼻子”，不断探索流动人口和出租屋管理新机制、新模式，

提升流动人口的权益市民化、服务均等化，压缩无业人员特别是有犯罪嫌疑的流动人员的比例；按照“谁出租谁管理”的基本思路，全区31个城中村和256个老旧住宅区实行统一招租，大大提高了流动人口信息登记率和准确率。

二是注重队伍建设，建立了流动人口和出租屋管理的专门机构和专业队伍。共设出租屋管办10个，街道出租屋综管所57个，社区综管站567个，培训、整编出租屋综合管理员1.8万人，出租屋流动人口信息采集率保持在95%以上。同时建立了信息反馈制度、联席会议制度以及三级兼任制度。

三是加强流动人口信息化管理。通过加快信息化建设步伐，探索出多种有效模式，实现人口动态化、网络化、数字化、精细化和信息化管理。如罗湖区大力推进“门禁+视频监控”管理模式，将居住证（二代身份证）增加人口信息采集、门禁卡、出入管理功能，实现门禁出入、图像抓拍实时监控与存储、信息联网管理“三位一体”的安防系统，其中湖贝新村“门禁+视频”系统荣获第三届全国公安基层技术革新一等奖。此外，罗湖区还首创高层楼宇出租屋“2+5”管理模式，“2”是指公安机关和出租屋管理部门，“5”是指物业管理处、业主、承租人、房屋中介和楼长五方参与的服务管理模式，在196个高层楼宇由物业管理处牵头设立流动人口和出租屋服务中心，科学管理流动人口。同时，还建立情报指挥联动平台，与110指挥系统、情报分析系统、警务综合系统、社区警务子系统、矩阵系统等联网适时联动，通过平台可以掌握流动人口动态轨迹和活动规律，遇到异常情况，平台自动报警，多部门适时联动，指挥就近警力最快出警。

四是针对复杂的人口结构，深圳市逐步构建了实现人口全覆盖的公共服务体系，努力探索多种便民维权和市民化服务机制，从2005年开始推出人口管理“1+5”文件（为了统筹解决深圳人口问题，由深圳市委、市政府牵头，成立了“深圳市人口工作领导小组办公室”——设于深圳市发改局，深圳市公安、劳动保障、计生、教育、综治、统计、法制、人事等部门参与制订了《中共深圳市委、深圳市人民政府关于加强和完善人口管理的若干意见》，以及与之配套的《深圳市户籍迁入若干规定》《深圳市暂住人口证件和居住管理办法》《深圳市暂住人口就业管理办法》《深圳市流动人口计划生育工作管理办法》《深圳市暂住人口子女接受义务教育管理办法》），使流动人口在务工就业、就医看病、办证发照、子女入托入学、住房等方面普遍得到与市民享受同等条件的优惠服务。其中，罗湖区非户籍子女接受义务教育的比例已经超过户籍子女的比例。此外，深圳市还通过实施住房与人口联动调控计划，促进房地产开发与人口布局相结合，促进人口居住合理分布。

五是积极推进人才引进入户改革创新，不断优化人口结构。近年来，深圳市围绕经济结构调整和人口结构优化等中心工作，结合区域人口结构、年龄结构、产业政策、人口政策等，坚持市场导向，紧密围绕经济社会发展需要，"不拘一格降人才"，建立并完善了积分制的人才引进入户制度；人才引进入户年均增长20%，较好的满足了产业转型升级的人才需求，优化了人口结构。

三、深圳市人口规模调控面临的挑战

虽然深圳市人口规模调控取得一定成效，但随着人口规模不断增加，人口与资源、环境承载力之间的矛盾越来越尖锐，科学管理城市的难度不断加大，制约了城市的可持续发展。

（一）人口规模总体目标调控任务艰巨

按照《深圳市城市总体规划（2010—2020年）》设定的目标，到2020年，全市常住人口控制在1100万人以内。而根据第六次人口普查数据，深圳市常住人口已经达到了1035.79万人，意味着9年内的增长总规模需要控制在65万以内，每年常住人口增加额度仅有7万余人。由于深圳市特有的产业优势和城市魅力，仍是人们进城务工、经商的热门流入地。对于以流动人口为主的深圳市而言，要想把人口控制在1100万人以下，压力可谓巨大。

区域人口增长与当地产业发展是紧密相关的，深圳市人口增长的最初促进因素主要来自第二产业。近年来，随着深圳市加快产业结构优化调整，深圳市第三产业比重明显上升，但第三产业比重总体上看还不够高，仍然落后于北京、上海、广州，未来一段时期将进入加速发展时期，伴随第三产业的崛起，势必会继续推动城市人口的增长。此外，随着我国经济的快速发展和城市化的快速推进，人口从农村向城市、从中西部地区向东部沿海发达地区特别是大城市流动迁移，仍然是未来我国人口分布变动的重要特征和趋势。在城市化进程不断加快的大背景下，深圳市作为一线发达城市，现代化程度较高，对劳动力具有较大的吸引力，在人口净流入上压力依然存在。

（二）人口结构不合理限制了城市的进一步发展

从人口结构看，深圳市一般性人才过多，但高层次人才十分短缺，且流失严重、青黄不接。龙岗区接近四分之三以上的人口为初中以下文化程度，这与建设现代化国际大城市要求不适应，难以满足实际需求。虽然落户政策比较宽松，但缺少优质的教育资源和医疗资源，对高层次人才吸引力不足，很多优秀人才最终还是选择去了北、上、广。当前，深圳市已进入现代化大都市全面发展期，没有人才的持续增长和人才作用的充分发挥，必然会影响经济社会的可持续发展。未来发展面临着既要消减人口规模，又要改善人口结构，同时还要提高人口素质的多重挑战。

（三）非户籍与户籍人口倒挂导致出现城市二元结构

目前，深圳市非户籍人口与户籍人口比例为5∶1，居全国之首（见图2所示），其中龙岗区非户籍人口与户籍人口比例高达10∶1。非户籍人口与户籍人口严重倒挂现象导致深圳出现了严重的城市人口二元结构。深圳市流动人口就业选择单一、不稳定，收入普遍不高，仍以低端制造、初级加工等劳动密集型产业为主，从事体力劳动与脑力劳动比为 3 ∶ 1。2012 年，深圳市无稳定就业和失业人员超过 200 万人。流动人口的不断增多，形成了很多“游民”和“蚁族”群体，例如罗湖区 86.1% 的流动人口租住在城中村和老旧住宅区的出租屋，由此产生了一系列影响治安、消防、计生、城管、环保等的社会问题。

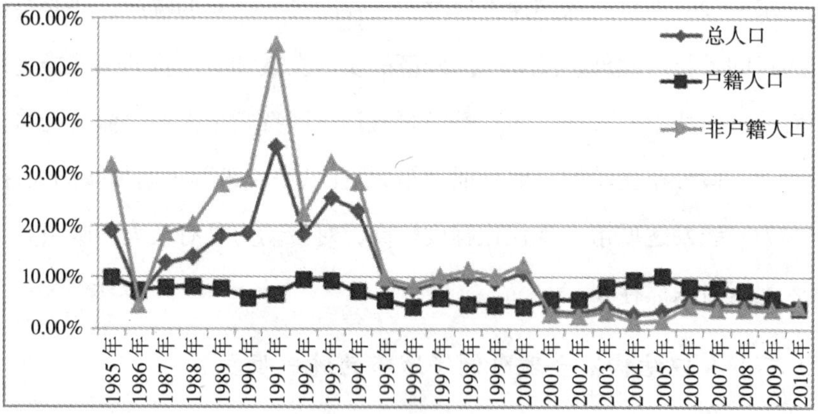

图 2 深圳市人口增长速度趋势图

资料来源：《深圳统计年鉴 2012》。

（四）人口与资源、环境承载力之间的矛盾尖锐

目前，深圳市的人口增长与有限的资源、环境承载力之间的矛盾尖锐。资源供给增量有限给深圳城市运转带来很大风险和不确定性。一是深圳人口规模已经接近资源环境的承载极限，由于人口大量聚集，生活污水、垃圾等排放量巨大，生活垃圾处理困难，生活型污染已成为深圳市主要的环境问题。2012 年，全市生活污水排放量约为 11 亿吨，相当于每天排放约 300 万吨，其中生活污水排放量占全市污水排放总量的 90% 以上，生活污水中化学需氧量排放量占到全市的 73%，远超出工业废水而成为最主要的污染源。由于人口过快增长，多轮城市规划确定的人口规模被大幅突破，与当时城市规划匹配的环境基础设施建设处于被动应对、疲于应对的状态，建设规模和进度滞后，建成的污水收集管网仅有

4200公里，缺口高达50%。二是深圳道路拥堵日益严重，公共交通不堪重负。三是在义务教育、医疗、住房、社会保障、计划生育、就业服务诸多方面，对流动人口的社会管理和公共服务滞后，带来诸多社会矛盾。四是由于深圳是典型的移民城市，市民归属感不强，流动人口犯罪率和受侵害率居高不下，在犯罪人中95.6%是外来人口，而被侵害人中95%以上也是外来人口，呈现明显的“两头重”特点。深圳市无稳定就业和失业人员超过200万人，这些人因工作不稳定、生活没保障，加剧了基本公共服务与社会管理的压力。

（五）流动人口管理法规、体制和方法跟不上城市发展的需要

一是管理法规跟不上现实需要。现行的《深圳市出租屋管理若干规定》《深圳市居住证暂行办法》等法规规章和管理模式与当前形势不相适应，难以发挥以房管人、以证管人、以业管人的保障优势。二是管理体制跟不上形势发展。现行的体制分割了公安、综管两大管理主力部门的工作职能，“管人不管屋、管屋不管人”问题突出，基础落地信息漏采、动态轨迹信息难采现象严重。工厂企业集体宿舍、高层楼宇住宅区等信息采集“短板”长期存在，重点人员混杂其中。三是管理方法跟不上动态变化。现有的管理注重对承租人违法的处罚，对出租屋业主、物业管理公司的处罚较少，导致出租屋业主只收钱、不尽责，放任不明身份人员居住。信息采集不到位，重点人员发现不了，容易逃避监管。

四、进一步加强深圳市人口规模调控的建议

进一步加强深圳市人口规模调控，需要围绕建设国际化、现代化先进城市的目标定位，积极贯彻落实各项产业结构调整政策，以产业结构升级促进人口结构优化；全面落实分区域人口调控指导性计划，推动城市规划功能整合，优化人口空间分布，从而实现深圳市人口规模、布局与城市经济、社会、资源、环境等各

方面的科学配置。

（一）进一步优化产业结构，科学调控人口规模

一是发挥产业对人口调控的源头作用。加快产业政策调整步伐，按劳动生产率、土地产出效益、水耗、电耗等标准，合理确定和调整限制发展类和禁止发展类产业，加大落后产能企业淘汰或升级改造，严控新上项目。加快发展高新技术产业和现代服务业，加速壮大战略性新兴产业，推动从业人口结构置换。全面梳理低端劳动密集型产业，推动劳动密集型产业和劳动力“双转移”。二是发挥社区经济转型对人口的调控作用。全面深化社区股份合作经济改革，加快转变传统厂房出租型经济发展模式。推动社区工业园区升级改造，遏制社区发展低端产业的利益冲动，加大社区产业升级项目政策支持力度，禁止社区新建限制类和淘汰类产业投资项目，严控劳动密集型产业生产能力，从源头上控制低端产业进入。三是发挥最低工资标准对产业和人口的调控作用。建立最低工资标准与经济增长的联动调整机制，严厉打击建筑业、加工贸易业等重点行业欠薪和非法用工行为，通过最低工资标准调整机制和工资集体协商制度，促进低端劳动密集型产业转移或提升劳动生产率，压缩低端劳动密集型产业就业人口规模，提升从业人口技术技能水平。

（二）及时修编城市规划，不断优化人口布局

一是建立人口变动与城市规划的联动调整机制。以分区域人口调控指导性计划实施情况作为城市规划法定图则的修编基础，建立基于人口规模结构变化因素更新城市规划法定图则的法定机制，实现人口目标数据和法定图则标准分区规划人口的有效联动。从严控制低端产业用地供给，从严控制人口密度过高区域容积率，实现产业准入、城市空间、公共服务和人口管理的有机统一。二是大力推进城市更新。以城中村改造为重点，统筹推进旧工业区、旧住宅区、旧商业区更新升级。以城市更新释放出的新增土地推动原区域的产业升级和居住业态升级，降

低城中村人口吸纳能力。三是继续优化城市人口空间布局。以城市规划、土地利用和人口发展区域整合为指引，引导人口从主中心城区和次中心城区合理向新型功能区聚集，降低中心城区人口密度。实施住房与人口联动调控计划，促进房地产开发与人口布局相结合，促进人口居住合理分布。四是突出特区一体化建设的区域特色和统筹推进策略，促进原特区内人口逐渐向原特区外疏散。进一步加快深莞惠一体化发展，促进深圳市内人口适度向周边地区疏散，合理分布原特区内外产业劳动人口和生活居住人口。

（三）实施区域人口调控，增强调控实效

一是全面落实分区域人口调控计划。依据各区、各功能区产业发展、空间布局、区域功能定位及社会发展态势的不同特点，确立各区域人口发展及调控计划目标，营造人口管理市区联动的有效格局，促进区、街道和社区在人口管理和服务方面责、权、利对等。按人口管理“重心下移”的要求增强区级政府人口计划调控的管理手段，分时推进，实现各区及功能区人口规模、结构与产业结构、城市空间结构的有序联动。二是建立区域人口调控联动机制。积极探索新的管理思路和模式，综合运用税收、最低工资标准、环境保护准入、知识产权保护、专项资金扶持等手段，发挥多方调控合力，促进各区加快转型升级步伐，推动各区人口管理服务力度与水平相协调，逐步使各区人口规模、结构与区域经济发展相协调。三是实施区域人口调控计划绩效考核。各区、各部门制定落实分区域人口调控指导性计划的具体工作方案，配套建立区域人口统计、综合楼宇抽样统计等手段，对人口规模和结构实施动态监测和预警相结合的新型人口统计机制，促进各区、各部门提升分区域人口调控计划执行力。

（四）加快户籍制度改革，不断优化人口结构

顺应国家户籍制度改革要求，积极争取户籍政策改革主导权，使户籍政策改

革与城市承载力和城市公共服务能力相适应。继续完善相对积极宽松的户籍迁入政策，将符合城市发展需要的各类人才无障碍地转为深圳户籍，加快户籍人口规模的扩大步伐。一是积极推进户籍迁入政策改革。建立居住证制度与户籍制度衔接机制，改善持有居住证的暂住人口的工作和生活条件，以居住证、社会保险、自有住房等条件为重点要素，继续扩大积分入户渠道的政策覆盖面。二是深化户籍制度综合配套改革。加快推动与户籍制度改革密切相关的养老保险、保障性住房、人事调配制度等方面的配套改革，减轻户籍制度改革阻力。三是完善户籍迁入政策标准和条件。合理调整技术技能和投资纳税迁户政策。继续完善积分入户实施办法。适度调整政策性迁户规定。四是提升户籍管理工作水平。进一步完善户籍迁入管理体制机制，推动户籍登记管理创新。科学制定安排户籍迁入的年度计划，分阶段、有计划地解决具有一定发展技能和生存技能的异地务工人员的户籍问题，使他们尽快融入深圳、扎根深圳。加快转化存量人口，解决人口结构的突出性矛盾。

（五）创新手段，加强流动人口服务管理

一是通过立法将规范管理融入社会治安综合治理，制定流动人口服务管理法规，解决人、屋管理脱离和管理不到位的问题。以立法保证“人、屋”信息采集全覆盖，推动综管队伍在实有人口、实有房屋信息采集、出租屋管理、居住证办理、重点人员管控、治安消防隐患信息排查等方面发挥更大作用。二是加强人、屋管理紧密结合，推出规范管理。坚持“强化服务、强化管理”并行，落实“来深必登记，无证不租房”的规范管理要求。明确出租屋业主、用人单位、物业管理公司在信息采集申报、居住证办理、房屋租赁等方面的治安责任和义务，改变管理上的被动局面，形成自我管理、共同参与、主动尽责的工作格局。三是提高综合管理水平。定期开展专项清理和综合整治，不断推广先进管理理念、管理手段和工作方法，提升综合管理效能。

附　录

特大城市流动人口基本状况分析

——北京、上海、广州三市流动人口专题调查数据分析

为深入了解北京、上海、广州等特大城市流动人口的基本状况，2012 年国家人口计生委在北京、上海、广州三个特大城市实施了流动人口动态监测专题调查。经过监测数据的汇总分析，本文从年龄、居住时间、子女出生地等对三大城市流动人口的基本情况进行描述，并揭示流动人口在三大城市就业、居住出行、社保、子女教育等方面的状况，反映三大城市流动人口的城市生活感受以及未来打算，以期有针对性地提出政策建议。

一、基本情况

本次调查的对象为在本地居住一个月及以上、非本市户口的 15 ~ 59 周岁（到 2012 年 5 月止）劳动年龄流动人口。调查共涉及三个城市 24983 个样本，其中北京市 5994 份、广州 3996 份、上海 14993 份。从调查数据看，流动人口具有以下基本特征。

1. 三大城市流动人口的平均年龄较全国高 5.7 岁，半数为新生代流动人口

三大城市的流动人口，平均年龄为 33.9 岁，较全国流动人口平均年龄超出 5.7 岁。1980 年以后出生的新生代流动人口占三大城市流动人口总量的 48.8%，其中广州、北京和上海的新生代占比分别为 52.2%、51.8% 和 46.7%。

2. 三大城市流动人口家庭化趋势明显

三大城市中，举家迁移的流动人口家庭（有配偶、有孩子且一起流动）占流动人口家庭总数的 37.2%。北京、上海和广州举家迁移的比重分别为 38.9%、37.6% 和 33.0%。在有子女的流动人口中，57.2% 的子女随迁。北京、上海和广州儿童随迁的比例分别为 62.7%、57.6% 和 48.1%。

3. 流动人口在三大城市居住呈长期化趋势

流动人口在三大城市连续居住生活的时间平均接近 6.8 年，其中，举家迁移的流动人口家庭在三大城市的平均居住时间为 7.23 年。在上海和北京居住超过 5 年的比例分别为 53.6%、44.3%，分别较全国高 17.9% 和 8.6%；居住超过 10 年的比例分别为 25.1%、21.0%，分别较全国高 12.2% 和 8.1%。

4. 流动人口子女在三大城市出生率较高

约 20% 的流动人口子女在三大城市出生，在北京、上海和广州出生的比重分别为 27.9%、17.8% 和 15.3%。而举家迁移流动人口的子女在三大城市出生的比率达 32%，在北京出生的比例达到 41.7%，上海和广州分别为 29% 和 27.3%。

二、就业和享受公共服务基本情况

（一）就业状况

1. 三大城市流动人口的就业率高

在三大城市，当前处于就业状态的流动人口占 85.2%，较全国流动人口就业率高 18.9%；其中男性的就业率为 96.5%，比女性高 21.8%。与来到北京、上海和广州前的就业状态相比，流动人口在三大城市的就业率增长了 1 倍左右。

2. 三大城市的服务业吸纳了近八成的流动人口就业

流动人口在三大城市制造业的就业比重最高达 22.9%，而以批发零售、住宿餐饮、社会服务等为主的服务业共计吸纳 78.5% 的流动人口就业，较全国高出 40%。北京、上海和广州的流动人口中，商业、服务业从业人员比例分别为 69.96%、56.19% 和 55.72%，较全国流动人口相应比例分别高 21.96%、8.18% 和 7.72%。可见，服务业是三大城市吸纳流动人口就业的主要渠道。

3. 三大城市的流动人口就业比较稳定，对工作最满意的是工资收入和工作环境

71.5% 的流动人口在三大城市没有更换过工作，换过 1 次工作的占 9.2%，换过 2 次工作的占 10.4%。广州、上海和北京的流动人口，没有更换过工作的占比分别为 76.2%、70.7% 和 70.4%。来广州、上海和北京后没有更换过工作的流动人口中，最满意工资收入的分别为 31.31%、33.64% 和 31.97%；最满意工作环境的分别为 29.99%、30.50% 和 31.61%。

4. 流动人口在三大城市的月收入虽然较全国水平要高，但却仍低于城镇职工平均工资

流动人口在三大城市月收入平均为 3736 元，较全国平均水平（3196 元）高 540 元。广州、北京和上海月平均收入分别为 3145 元、3765 元和 3887 元，与三市城镇单位在岗职工平均月工资相比，分别低了 1644 元、2554 元和 2532 元[①]。

① 资料来源：根据《中国统计年鉴2012》和《广东统计年鉴2012》的“城镇单位在岗职工平均工资”计算，北京、广州和上海城镇单位在岗职工平均月工资分别为6319元、4789元、6419元。

（二）居住出行

1. 六成以上流动人口在三大城市租住私房

流动人口多数在三大城市租私房居住，比重高达62.8%，但较全国水平低2.3%。自购房的比重为10.7%，较全国水平高1.9%。而由单位或雇主免费提供住房的占9.9%，租住单位或雇主房的为6.1%，分别较全国低2.6%和0.7%。由政府提供廉租房居住的流动人口占比极低，仅占总数的0.6%。三大城市中，举家迁移流动人口自购房比例要较流动人口总体自购房比例高8.1%；城镇户籍和农村户籍流动人口的住户性质自购房的比例分别为30%和4.9%。

2. 流动人口在三大城市的交通出行方式以步行、公共交通、自行车/电动车为主，八成以上的流动人口上班单程时间不超过半小时

在北京、上海和广州，三种交通工具比重合计分别为60.76%、65.33%和68.45%。绝大多数流动人口的上班单程时间在30分钟以内。北京、上海、广州三市流动人口通勤时间30分钟以内的比例分别为80.4%、88.3%、93.7%。可见，流动人口在三大城市并未对交通构成压力。

（三）养老保险和医疗保险

1. 三大城市中，六成以上流动人口未享受到城镇职工养老保险和城镇职工医疗保险

享有城镇职工养老保险、城镇职工医疗保险的三大城市流动人口占总数的比例分别为30.6%、31.7%。其中，享受城镇职工医疗保险的比例较全国水平高5.2%。流动人口在三大城市未享受上述两项保险的比重仍高达66.0%、64.7%。广州未享受上述两项保险流动人口占比最高，分别是74.1%、72.3%；上海则最低，分别是61.7%、60.6%。

2. 在三大城市个体工商户就业的流动人口参加社保比例不足 10%

三大城市流动人口就业的单位性质为个体工商户的，其享受城镇职工养老保险和城镇职工医疗保险的比例均低于 10%。而在各类企业就业的流动人口中，在集体企业和私营企业就业的流动人口参加城镇职工养老保险和城镇职工医疗保险的比例较低，不到 50%；在相对正规的外企、港澳台企业和国有企业中参保比例相对较高，都在七成以上。

3. 三大城市中的城镇户籍流动人口参保比例高于农村户籍流动人口

在三大城市的流动人口中，城镇户籍人口参加城镇职工养老保险和城镇职工医疗保险的比重分别为 50.1% 和 50.3%，高于农村户籍流动人口 24.8% 和 26.2% 的参保比例。这也说明城镇户籍流动人口参保意识和参保能力更强。

（四）子女教育

1. 超过两成的流动人口随迁子女在三大城市就学需要交费

三大城市流动人口随迁子女中，23.9% 就读小学，9.8% 就读初中，3.2% 就读高中，1.5% 就读中专职高，2.3% 就读大专及以上，另有 59.4% 为学龄前儿童。在三大城市就学的随迁子女中，20.8% 入学需要缴纳学校赞助费。25.4% 的流动人口家庭的每月教育费用在 500 元以上。

2. 八成以上的三大城市随迁子女在公办学校就学

上学的随迁子女中，81.6% 就读于公立学校，12.2% 就读于私立学校，6.2% 就读于打工子弟学校。北京、上海和广州三市在本地读书的随迁子女中，就读于公立学校的比重分别为 79.6%、85.8% 和 56.5%，就读于打工子弟学校的比重分别为 7.2%、7.0% 和 3.9%。广州就读于私立学校的比重为 35.4%，高于北京的 9.5% 和上海的 7.2%。三大城市随迁子女就读于公立学校的比重较全国低近 5%，而就读于打工子弟学校的比重较全国高近 5%。

三、在城市的生活与感受

（一）流动人口外出原因

1. 三大城市流动人口中，六成以上在老家没有承包地

广州流动人口中，72.6% 的在老家没有承包地。北京和上海的流动人口中，在老家没有承包地的比重也达到 60% 以上。在老家有承包地的流动人口中，承包地面积小于 5 亩的占 74.4%，面积在 6 ~ 20 亩的占 24.3%，面积大于 20 亩的占 1.3%。

2. 对三大城市流动人口而言，离开家乡的原因最主要是老家没有合适的工作、老家工作报酬太低和不利于子女教育

三大城市流动人口因“老家没有合适的工作”、“老家工作报酬太低”、“外出学习技能”而离开家乡的比重分别是 31.34%、30.91% 和 12.7%；“不喜欢老家生活”的占 4.41%，“不会务农或不会做农活”的仅占 1.58%。另外，三大城市举家迁移的流动人口认为“老家条件不利于下一代培养”的比重达 13.65%，较流动人口总体情况下的比重高 4.88%。

（二）在城市的生活

1. 流动人口在三大城市以与同乡交往为主

49.9% 的三大城市流动人口主要是与户口在老家的同乡来往。分城市来看，流动人口与户口在老家的同乡来往的比重均在 50% 左右，广州达 55.9%，较上海和北京高。在北京的流动人口中，有 20% 的主要交往人群是本地人，在三个城市中所占比重最高。

2. 在三大城市，近半流动人口关注城市发展，愿意融入其中；与老家相比，半数流动人口在三大城市感觉幸福

从总体上看，48% 的流动人口表示喜欢所居住的城市，46.9% 的流动人口表示关注所居住城市的变化，47% 的流动人口表示愿意融入本地人当中，41.6% 的流动人口觉得本地人愿意接受自己，但也有 16.6% 的流动人口觉得本地人总是看不起外地人。在上海、北京和广州的流动人口，感觉很幸福和幸福的比重合计，分别是占 58.4%、55.9% 和 44.8%。

3. 流动人口在三大城市生活中的烦恼主要是“收入少”和“居住条件差”

三大城市流动人口中，认为“收入少”为第一位烦恼的占 34.8%，认为“居住条件差”为第二位烦恼的占 22.7%，认为“与本市人很难沟通”的占 16.1%。而在举家迁移的流动人口中，生活中的烦恼主要来自于“收入少”、“子女上学入托难”和“居住条件差”。

4. 三大城市吸引流动人口的主要原因依次在于“工作机会多”、“收入比较高”、“城市治安好”、“发展前景广”和“生活比较便利”

30% 和 24.7% 的流动人口认为“工作机会多”和“收入比较高”是三大城市吸引力第一位的因素，21.8% 和 20.2% 的流动人口认为“城市治安好”和“发展前景广”是三大城市吸引力第二位的因素。

（三）落户和居留意愿

1. 如果没有任何限制，超七成的流动人口愿意在三大城市落户

76.4% 的流动人口愿意在三大城市落户，广州、北京和上海有落户意愿的流动人口分别占 56%、79% 和 80.7%。举家迁移流动人口的落户意愿更为强烈，平均比重达 84%，北京、上海和广州的这一比例分别为 86.6%、86.4% 和 69.6%。

2. 四分之三的流动人口愿意长期居住在三大城市

总体上来说，愿意长期（5 年及以上）居住在三大城市的占 75.3%，而不愿长期居住在三大城市的占 8.8%，还并未决定是否长期居住在三大城市的占 15.9%。在上海和北京分别有 80%、75.4% 的流动人口愿意长期居住在本地，而广州仅有 57.2%。三大城市流动人口愿意长期居留的比重较全国高 17.3%，其中，举家迁移的流动人口愿意长期居住在三大城市的达 85.7%。

3. 流动人口不愿意在三大城市长期居留的原因是家庭和经济问题

三大城市流动人口不愿意长期居留在本地的原因，依次是家庭原因、住房困难、自身原因和子女入学困难或费用高，比例分别为 60.62%、47.68%、33.86% 和 31.55%。举家迁移的流动人口不愿意长期居留的最主要原因则是子女入学困难或费用高，比重为 52.41%。

4. 大多数流动人口未来离开三大城市后打算回老家

87.9% 的流动人口离开三大城市后打算回老家，打算去其他城市的仅占 12.1%。60.5% 的流动人口希望自己的子女将来在三大城市发展，希望子女在老家、去其他城市和去国外的分别占 5%、4.2% 和 5.4%。

后　记

“特大城市人口规模调控研究”课题是2011年国家人口和计划生育委员会设立的重点研究课题，王培安副主任任课题组组长，流动人口司牵头协调课题研究工作。课题采取有分有合的研究组织方式，在成立国家人口和计划生育委员会课题组的基础上，分别成立了北京、上海、广州市人口计生委和国家发展改革委城市和小城镇改革发展中心四个子课题组，分工研究北京、上海、广州等城市人口调控对策和特大城市人口发展规律。

几年来，国家卫生计生委组织各子课题组成员赴北京、上海、广州、深圳等城市进行了专题调研，多次召开课题进展汇报与阶段性成果研讨论证会，广泛听取了区域经济、社会政策、城市规划、资源环境等领域专家的意见，形成了相关研究报告。现将各课题组提供的报告编辑成册，以供政府部门、研究机构参考。

在本书编辑过程中，各子课题组和国务院发展研究中心苏杨研究员、国家发展改革委经济体制与管理研究所蒋同明副研究员给予了积极支持和帮助，在此一并致谢。

编　者

2014年6月